LA
VIDA
QUE VENCE

WATCHMAN NEE

Living Stream Ministry
Anaheim, California ● www.lsm.org

Primera edición: abril de 1997.

ISBN 1-57593-909-6

Traducido del inglés
Título original: *The Overcoming Life*
(Spanish Translation)

Publicado por
Living Stream Ministry
2431 W. La Palma Ave., Anaheim, CA 92801 U.S.A.
P. O. Box 2121, Anaheim, CA 92814 U.S.A.

Impreso en los Estados Unidos de América

06   07   08   09   10   11   /   11   10   9   8   7   6   5   4   3

CONTENIDO

Título   *Página*

Prefacio   5

1 Nuestra experiencia   7

2 La vida cristiana que se revela en la Biblia   21

3 Características de la vida que vence   37

4 Cómo experimentar la vida que vence (1)   55

5 Cómo experimentar la vida que vence (2)   81

6 La entrega   99

7 Creer   119

8 La prueba de la fe   133

9 El crecimiento   145

10 El tono de la victoria   161

11 La consagración   175

PREFACIO

La vida que vence se compone de los mensajes que dio el hermano Watchman Nee en 1935. Con excepción del capítulo cuatro, estos mensajes fueron dados en Shanghai durante los meses de septiembre y octubre de ese año. El capítulo cuatro fue dado en Chuenchow, provincia de Fukien, en noviembre del mismo año. Lo incluimos porque el tema y el énfasis concuerdan con el contenido de los mensajes de Shanghai, los cuales revelan al Cristo excelente que mora en nosotros como nuestra victoria. Su contenido es rico y valioso. Que el Dios que manda que de las tinieblas resplandezca la luz, ilumine nuestros corazones por medio de estas palabras y nos conduzca a experimentar las riquezas de Su vida. Amén.

CAPITULO UNO

NUESTRA EXPERIENCIA

Lectura bíblica: Ro. 7:21; 3:23

LA VIDA QUE DIOS ORDENO PARA EL CRISTIANO

La Biblia nos muestra que Dios designó para cada cristiano una vida de pleno gozo. Esta vida tiene completa paz y no tiene barreras en su comunión con Dios, y en ninguna forma se opone a la voluntad de Dios. La vida que Dios preparó para el cristiano no tiene sed de las cosas del mundo; se aparta del pecado y tiene victoria sobre él. Es una vida santa, victoriosa y llena de poder; conoce la voluntad de Dios y tiene una comunión continua con El. Esta es la vida que Dios designó para el cristiano en las Escrituras.

Dios dispuso una vida que está escondida con Cristo en Dios. ¿Qué puede afectar esta vida? ¿Qué la puede sacudir? Así como Cristo es inconmovible, nosotros somos inconmovibles. Así como El está por encima de todas las cosas, también nosotros lo estamos. Nuestra posición delante de Dios es la misma que Cristo tiene delante de El. Nunca debemos pensar que estamos destinados a la debilidad o al fracaso. No hay cabida para tal idea según la Biblia. Colosenses 3:4 dice: "Cristo, nuestra vida". Cristo está muy por encima de todo. Nada puede tocarlo. ¡Aleluya! Esta es la vida de Cristo.

La vida que Dios dispuso para el cristiano es una vida llena de paz y gozo; es una vida activa llena de vitalidad y de la voluntad de Dios. Pero, ¿qué clase de vida llevamos? Si no estamos viviendo la vida que Dios dispuso, necesitamos vencer y abrirnos paso en este asunto. Por consiguiente, necesitamos examinar nuestra experiencia hoy. Este no es un tema fácil de tratar. Algunas de nuestras experiencias pueden ser bastante lamentables. Pero cuando nos humillemos, veremos lo que nos hace falta y sólo entonces Dios nos concederá Su gracia.

OCHO TIPOS DE FRACASO EN EL CRISTIANO

¿Qué clase de vida llevamos? Una vida atada a la ley del pecado. "Porque el querer el bien está en mí, pero no el hacerlo" (Ro. 7:18). Nuestra vida es una vida de fracasos, pues está atada al pecado. Dios nos dio una vida muy elevada, pero nosotros llevamos una vida de fracasos. Según nuestra experiencia y según las Escrituras, un cristiano experimenta ocho tipos de fracasos, que son en realidad, ocho tipos de pecados.

Pecados espirituales

El orgullo, la envidia y la incredulidad son pecados espirituales. Señalar los errores de los demás es un pecado espiritual; dudar de Dios y no consagrarnos a El también son pecados espirituales. Algunas personas tienen victoria sobre asuntos espirituales, pero son más los que experimentan derrota en esta área.

Anteriormente me dominaba mi orgullo. Cualquier clase de orgullo es un pecado espiritual. Todo orgullo que le impida a uno avanzar es un pecado espiritual. Una persona orgullosa no puede soportar que otros sean mejores que ella. No puede resistir ver que otros tengan más éxito en asuntos mundanos, ni que otros estén más avanzados en asuntos espirituales. Si esto sucede, hará todo lo posible para encontrar los errores del otro y avergonzarlo. La envidia es un pecado tanto en nuestra vida espiritual como en la obra del Señor.

Algunos tienen un corazón malo e incrédulo. Si se les pregunta si creen o no, dirán que no hay palabra ni frase de la Biblia que ellos no crean. Pero si se les pregunta si confían en las promesas de Dios, reconocerán que no pueden. Tan pronto sufren una pequeña prueba, se asustan desmedidamente. Les es imposible confiar en la palabra de Dios. En una ocasión la esposa de Martín Lutero se vistió de luto y le dijo que la angustia en la que él se encontraba era como si su Dios hubiese muerto.

Muchas personas no tienen una vida ni una comunión

apropiadas delante de Dios. Viven de una manera descuidada día tras día. Pasan sus días sin orar ni leer la Biblia, sin ver el rostro de Dios y sin tener comunión con El. Hasta les horroriza pensar que deben tener comunión con el Señor. Esta es una vida sin Dios. Debemos ver que hemos pecado, hemos fallado y no hemos llevado una vida espiritual. Muchos nunca hemos sido diligentes en aprender las debidas lecciones de negar el yo. Muchos de nosotros nunca hemos aprendido las lecciones de poner nuestro ego a un lado.

En cierta ocasión había dos hermanos que no tenían buenas relaciones entre ellos debido a una insignificancia. Antes comían juntos y se servían del mismo plato. Uno de ellos siempre escogía para sí la mejor carne del plato. Cuando el otro lo notó, no dijo nada por varios días, pero a las dos semanas no pudo aguantar más y se apartó de su hermano. La clase de persona que usted es se manifiesta en las cosas pequeñas que hace. Me agrada mucho leer la biografía del señor Hudson Taylor. Cuando él viajaba predicando, casi siempre escogía el peor cuarto y la peor cama. Aunque esto es algo pequeño, la manera en que uno maneja estos asuntos manifiesta si uno vive o no en la presencia de Dios.

Pecados de la carne

No sólo tenemos pecados espirituales; también tenemos pecados de la carne. El adulterio, los ojos que miran sin control y las relaciones impropias son ejemplos de los pecados de la carne. Muchos han fallado en éstos. Son muchos los que han pecado con sus ojos porque no se han controlado. Muchos no son rectos en su relación con los amigos. Estos son pecados de la carne; son pecados de la conducta. Puede ser que algunos de estos pecados no tengan nada que ver con el cuerpo, mientras que otros sí.

Hermanos y hermanas, ¿han sido disciplinados sus ojos? Debo reconocer que hoy en día existen muchas oportunidades para pecar con los ojos. Ustedes deben presentar esto al Señor. Muchos cristianos nunca llegarán a experimentar una vida vencedora a menos que el Señor limpie sus ojos.

La amistad es otro asunto que debemos vigilar cuidadosamente. Tal vez algún hermano tenga una amistad muy especial con un incrédulo. Para el mundo, esto no es pecado; pero según la vida que Dios ha puesto en el cristiano, una amistad especial es un pecado. Lo mismo se aplica a las hermanas. Un misionero occidental una vez contó que algunos incrédulos trataron de establecer una amistad especial con él; cuando se dio cuenta de que esto era un pecado, rechazó esa amistad.

Pecados de la mente

Además de los pecados espirituales y los de la carne, también están los pecados de la mente. Muchos no tienen pecados espirituales y su carne ha sido quebrantada hasta cierto punto. Pero no logran obtener victoria sobre sus pensamientos. Algunos tienen una mente que divaga; la mente de otros gira en un círculo vicioso; otros tienen una mente inestable; la mente de algunos no divaga ni da vueltas ni es inestable, pero es impura y está llena de ilusiones. Unos están llenos de dudas; otros están obsesionados con el conocimiento: quieren saberlo todo y no se detienen hasta conseguirlo. Los que tienen una mente así no han llegado a experimentar la vida vencedora. No debemos pensar que no tenemos nada malo en nosotros. Son muy pocos los que experimentan una verdadera victoria sobre sus pensamientos. Muchos, por el contrario, tienen pensamientos errantes e inestables. Tener pensamientos que divagan es un problema serio, pero tener pensamientos impuros es aún peor. Algunos tienen pensamientos impuros que persisten tenazmente en sus mentes. Conocí a una hermana que confesó que sus pensamientos siempre divagaban. Otro cristiano que conocí confesó que tenía pensamientos impuros continuamente. Esto nos demuestra que no vivimos por la vida de Dios. Debemos resolver todos estos asuntos.

La imaginación ha causado daño a muchos cristianos. Las dudas también han perjudicado a muchos cristianos. Por ejemplo, cuando nos encontramos a un hermano en la calle, y él no se porta muy amable, podemos llegar a pensar que está enojado con nosotros o que piensa mal de nosotros. Pero luego tal vez nos enteramos de que su actitud poco amistosa se debía a que no había pasado bien la noche, a que tenía dolor de cabeza o a que estaba atravesando por una terrible experiencia. Aunque habíamos pensado que el problema tenía que ver con nosotros, en realidad no había nada en contra nuestra. Nuestra imaginación nos lastima con frecuencia; sin embargo, seguimos pensando que podemos discernir el corazón de otros. Debemos reconocer que solamente el Señor puede escudriñar las entrañas y los corazones (Ap. 2:23). Muchos se imaginan que otros son de una u otra forma. Todos hemos pecado con nuestros pensamientos; hemos emitido demasiados juicios; tenemos demasiadas ilusiones. Hermanos y hermanas, tenemos que acercarnos al Señor y quitar de en medio todas estas cosas. Si no resolvemos el problema de nuestros pensamientos, no podremos tener una vida de victoria en Dios.

También está el hermano que tiene una obsesión por el conocimiento. Siempre tiene que encontrar una razón para todo. Todo lo analiza y todo lo quiere saber; su mente se mantiene muy activa. No confía en Dios y quiere estar informado de cada cosa que se mueve a su alrededor. Hermanos y hermanas, esta clase de atracción hacia el conocimiento también es un pecado. Esto es algo que también debemos confrontar.

Pecados del cuerpo

Existen también los pecados que se relacionan con el cuerpo. No necesariamente tienen que ser cosas impuras. En términos humanos, tal vez no sean cosas grandes; pero para un cristiano son pecado. Algunos prestan demasiada atención a la comida; para otros, dormir es una cosa sagrada. Algunos se preocupan exageradamente por la salud o por el arreglo personal; otros están atados al hábito de comer meriendas constantemente; otros aman demasiado sus propios cuerpos. Todos éstos son pecados delante del Señor.

Muchos cristianos están atados a la comida. Nunca han llegado a ayunar. Se les puede conocer por su manera de comer. En el momento en que se disponen a comer, los demás se dan cuenta qué clase de personas son. Un hermano dijo en cierta ocasión: "Tengo un apetito voraz; mi apetito es enorme". Hermanos y hermanas, dar rienda suelta al comer también es un pecado. Aquellos que no se controlan en la comida cometen pecado. Algunos tienen en su rostro un aspecto terrible cuando pierden sólo un poco de sueño. Se ponen irritables al tratar ciertos asuntos y hablan con rudeza. Esto también es un pecado. Algunos se entregan desmedidamente a las meriendas, en lo cual gastan mucho dinero. Otros prestan demasiada atención a su arreglo personal y hacen lo posible por tener buena ropa. También tenemos a los que están obsesionados con la salud; todo tiene que estar perfecto para ellos. Piensan que esto y aquello es nocivo o perjudicial para el cuerpo; se encuentran confinados y amenazados por todo. Estos son ejemplos de estar obsesionados con nuestros cuerpos. Muchas personas aman demasiado a sus cuerpos. No pueden soportar ningún sufrimiento, ni siquiera toleran acercarse a un enfermo. Están esclavizados a su cuerpo. Pablo dijo: "Sino que golpeo mi cuerpo, y lo pongo en servidumbre" (1 Co. 9:27). El ponía su cuerpo en servidumbre. No sujetar nuestro cuerpo en servidumbre es pecado. El cuerpo debe ser sometido a nuestra servidumbre. Muchos han sacrificado su tiempo de oración en la mañana por el sueño. Muchos han cedido el tiempo que deberían pasar en la palabra a la comida. Muchos no pueden servir al Señor porque prestan demasiada atención a las meriendas o a la apariencia externa. Descuidarnos en estas áreas y no refrenarnos es pecado.

Pecados de la manera de ser

La predisposición natural del hombre se relaciona con su carácter. Es, en efecto, lo que lo caracteriza. Toda persona nace con cierta manera de ser. El Señor no vino a librarnos solamente del pecado, sino también de nuestra forma natural de ser. Algunos son obstinados desde que nacen; otros son muy legalistas. Para ellos, dos más dos tiene que ser cuatro. Son muy correctos, pero a la vez son demasiado rígidos; lo que para ellos es correcto, tiene que ser lo correcto, y lo que piensan que es incorrecto, es sin duda incorrecto. Son muy inflexibles. En lo que son y en lo que hacen siempre se comportan como el juez supremo. Si bien es cierto que a menudo son muy justos, su justicia tiene cuernos. A ellos les falta amabilidad y dulzura en su trato con los hermanos. Su justicia es dura e inflexible. Hermanos y hermanas, esto también es pecado. Otros son demasiado débiles. Temen tomar cualquier responsabilidad. Todo les parece aceptable. Son el otro extremo de los hermanos obstinados que acabamos de mencionar. Algunos se engañan pensando que un hombre amable es un hombre santo. Pero, ¿cuántos hombres amables ha usado Dios? ¿Era el Hijo de Dios sólo un buen hombre? El carácter natural también es un pecado y necesita ser quebrantado.

Algunos quizás no sean demasiado duros ni demasiado amables; pero les gusta presumir. Adonde van, desean llamar la atención; en dondequiera que se encuentren, siempre quieren ser ellos los que hablen. Aunque no tengan la oportunidad de hacer algo, de todos modos se pasearán para saludar a todos los presentes. No importa donde se hallen, no estarán satisfechos hasta que todos hayan notado su presencia. Ellos nunca pasan inadvertidos en los lugares a donde van y jamás se quedan callados.

Algunos hermanos son muy retraídos. No les gusta que los noten en ninguna parte. Siempre buscan un rincón donde sentarse. Esto también es pecado y debe ser eliminado.

Algunos hermanos reaccionan con mucha rapidez, mientras que otros son demasiado lentos. Una vez un hermano dijo: "Alabado sea el Señor. Tengo un temperamento que reacciona con facilidad. Puedo perder la paciencia fácilmente en la mañana; pero esto sólo me dura cinco minutos, y en el momento de salir a trabajar ya lo he olvidado todo". No obstante, su esposa y sus hijos sufren continuamente. Cuando regresa del trabajo, su esposa aún está sufriendo. Esto le parece muy extraño a él. ¡Hasta piensa que es muy buena persona! Esto es un pecado y también debe ser confrontado.

Algunos son lentos en todo. Pueden posponer un asunto un día o diez. Esto es ociosidad. Este tipo de carácter también debe ser quebrantado.

Toda persona tiene su propia peculiaridad. Aunque algunos son salvos, son extremadamente severos con los demás y provocan situaciones antagónicas. Todo les parece importante.

Nunca se aprovechan de otros, pero tampoco permiten que otros tomen la más mínima ventaja de ellos. Nunca lastiman a nadie, pero si otros llegan a herirlos, tomarán ojo por ojo y diente por diente. Son muy calculadores y no permiten que nada se les escape.

Otros, por el contrario, no son nada severos con los demás, pero son muy malvados. Sacarán ventaja de los demás aun cuando se trate de unos cuantos centavos. No, ellos no le roban a nadie, pero se aprovechan hasta de sus trabajadores o sus choferes.

A otros les gusta hablar mucho. Adondequiera que vayan, no habrá un momento aburrido. Les agrada hablar de una familia y criticar a otra. Otros son bastante flexibles con las verdades. Tan pronto se enteran de algo, corren a contárselo a los demás. A otros les encanta usar exageraciones. No mienten, pero lo que dicen, lo exageran. Todos estos rasgos del carácter tienen que ver con nuestras palabras. Si deseamos vencer y experimentar una vida victoriosa, tenemos que desechar todas estas cosas. Aunque no nos sintamos capaces de deshacernos de ellas, tenemos que vencer.

Me he visto obligado a hablar de estos asuntos, debido a que el andar diario de los cristianos de hoy está lejos de expresar a Dios. Algunos hermanos sólo ven las faltas de otros; son incapaces de apreciar las virtudes de los demás. Unicamente salen de sus bocas palabras de crítica. En cierta ocasión un hermano del norte de la China logró vencer en esta área. Antes no podía evitar notar las faltas en otros. Cuando una persona venía a él, le traía a colación seis o siete defectos que le notaba. Cuando se le acercaba otro, también le hallaba sus seis o siete problemas. Yo le dije que la razón por la cual él veía tantos problemas en los demás era que él mismo era el problema. Esta era su inclinación natural. Hermanos y hermanas, todos éstos son pecados. Todo cristiano vencedor vive por encima de estas cosas.

Renuencia a obedecer la palabra de Dios

No sólo tenemos los pecados en el lado negativo, pues la Biblia nos muestra que ser negligentes delante de Dios en nuestra intención de obedecer Su palabra también es pecado.

Hermanos y hermanas, ¿cuántos mandamientos de Dios han leído, y cuántos han obedecido? ¿Cuántas personas aman a sus cónyuges? Una hermana dijo en cierta ocasión que ella sabía que debía someterse a su esposo, pero siempre discutía un poco antes de someterse. Ella se dio cuenta con el tiempo de que nunca había tenido una verdadera sumisión según la norma de Dios. Esto, por supuesto, es pecado. ¿Cuántos cristianos piensan que estar triste es pecado? La Biblia dice que debemos regocijarnos siempre. ¿Cuántos cristianos han obedecido éste mandamiento? Debemos ver que estar triste es pecado. Todos los que no se regocijan, pecan. El mandamiento de Dios dice que por nada debemos estar afanosos. Si estamos llenos de ansiedad, hemos pecado. Según el mandamiento de Dios, estar triste y ansioso es un pecado. Claro que según el hombre, estar triste o ansioso no es pecado, pero la palabra de Dios dice que la tristeza y la ansiedad son pecados.

Debemos dar gracias en todo. Dios manda que demos gracias en todo. En todo debemos decir: "Dios, te agradezco y te alabo". Aunque encontremos dificultades debemos decir: "Dios, te agradezco y te alabo". Una mujer que tuvo nueve hijos pensaba que la palabra sobre no estar ansiosos estaba equivocada. Ella alegaba que una madre debe estar ansiosa. Creía que no estar ansiosa era un pecado. Ya había perdido dos hijos en medio de su ansiedad y creía que debía criar los otros siete con ansiedad. Esta hermana no entendía que la ansiedad era un pecado; pensaba que era su deber estar ansiosa.

Dios nos manda que nos regocijemos siempre y que por nada estemos ansiosos. También nos dice que demos gracias en todo. La victoria y la fuerza nos capacitan para obedecer lo que Dios manda. Los que no pueden vencer, no pueden guardar los mandamientos de Dios.

No darle a Dios lo que exige

Dios requiere que nos consagremos a El absolutamente y exige que le consagremos nuestra esposa y nuestros hijos. También requiere que le consagremos nuestras actividades enteramente a El y todo nuestro dinero. Todo cristiano quiere reservar algo para sí. Pero queridos hermanos y hermanas, debemos darnos cuenta de que en el Antiguo Testamento constaba el mandamiento del diezmo, de ofrecer una décima parte; pero en el Nuevo Testamento nuestra consagración debe ser de diez décimos. Nuestra casa, nuestra tierra, nuestra esposa, nuestros hijos e inclusive nosotros mismos, debemos consagrarnos a Dios plenamente.

Muchos cristianos temen que Dios les traerá aflicciones. Había un cristiano que tenía mucho temor de consagrarse a Dios. El dijo: "Si me entrego a Dios, ¿qué sucederá si El me envía sufrimientos?". Le respondí seriamente: "¿Qué clase de Dios cree usted que es nuestro Dios? Si un hijo desobediente quiere volverse complaciente con sus padres y les dice que les obedecerá desde ese momento en adelante, ¿cree usted que sus padres le pedirán a propósito que haga lo que no puede hacer? Si lo hacen, entonces dejan de ser sus padres y se convierten en su juez. Pero si verdaderamente son sus padres, sin duda les importará su hijo. ¿Cree usted que Dios le traerá sufrimientos a propósito? ¿Cree que Dios lo va a tratar de engañar? Usted se ha olvidado de que El es su Padre".

Hermanos y hermanas, solamente los que se consagran a Dios tienen verdadero poder. Pueden poner sus asuntos en las manos de Dios; pueden dejar a sus padres, madres, esposas e hijos en las manos de Dios. Pueden entregarle su dinero a Dios. Ellos no toman lo que Dios les ha dado para malgastarlo en el mundo. Ellos han consagrado sus propias vidas al Señor. Quienes temen consagrar a Dios sus pertenencias, sus bienes materiales y sus relaciones con los demás, no han vencido todavía. Cuanto más uno se consagra a Dios, más fuerza tiene. Aquellos que se consagran a El voluntariamente parecen motivarlo a tomar más. Parecen decirle a Dios: "Por favor, toma más". Una vida consagrada es una vida de gozo, una vida de poder. Si uno no se consagra a Dios, no sólo ha pecado sino que carece de poder.

Estimar la iniquidad y no arrepentirse de pecados que deben confesarse

Muchas personas han puesto fin a muchos de estos asuntos, pero en su corazón, no están dispuestas a reconocer que las cosas que han eliminado son pecados. Según Salmos 66:18, éstos estiman la iniquidad "en su corazón". Sus corazones aman estos pecados y por ende, no están dispuestos a abandonarlos. No sólo tienen el deseo sino también cierto aprecio por estas cosas, las consienten y están renuentes a abandonarlas. Hay una estimación secreta por el pecado, un corazón que se resiste a reconocer los pecados como tales. Aunque nunca reconoceríamos nuestro amor por estas cosas y aunque nuestros labios jamás dirían que las amamos, nuestro corazón se va tras ellas antes de que nuestros pies las sigan. Muchas veces el pecado no es un asunto de comportamiento exterior, sino de un amor en el corazón. Si tenemos iniquidades que estimamos en nuestro corazón, necesitamos reconocerlas.

Muchas personas no sólo están inclinadas a la iniquidad, sino que también se rehúsan a reconocer muchos de sus pecados. Un creyente con frecuencia ofende a otro hermano. Cuando se le llama la atención sobre el asunto, rápidamente admite que ofendió al hermano. Luego trata de cambiar su comportamiento; comienza a tratar mejor al otro hermano, le da la mano con afecto y lo acepta con menos reservas. Hermanos y hermanas, lo máximo que podemos hacer es cambiar nuestra actitud, pero Dios no reconocerá esto. Dios no reconoce los cambios en nuestra actitud. Muchas cosas requieren restitución. El dinero debe ser devuelto. Aunque muchas personas no tienen tiempo de escuchar nuestras largas historias, de todos modos tenemos que confesar nuestros pecados.

En cuanto a la confesión, la Biblia nunca dice que debemos hablar detalladamente con otros de nuestros pecados, y tampoco dice que enumeremos nuestros pecados como una novela. El Señor dice: "Si tu hermano peca..." (Mt. 18:15). No importa cuántos pecados sean. Cuando un hermano se nos acerca y confiesa: "Hermano, he pecado contra ti", tenemos que perdonarlo. Hay muchas cosas escondidas que no es necesario contar. No hay oído en la tierra digno de escucharlas ni oído capaz de soportarlas todas.

Hermanos y hermanas, ¿por cuántos pecados nuestro corazón aún siente apego? ¿Cuántos pecados aún no hemos sacado a luz? Si tenemos algún pecado, tenemos que vencerlo. A menos que venzamos, no podremos prevalecer sobre estos pecados.

VENCER ES NECESARIO Y POSIBLE

Hermanos y hermanas, si ustedes descubren que tienen alguno de los pecados mencionados, ciertamente necesitan vencer. No sé cuántas de estas ocho clases de pecados usted haya cometido. Quizás una o dos; tal vez más. Pero Dios no permitirá que uno ni dos ni más pecados lo enreden. Puede ser que usted observe unos cuantos defectos en un hermano, que detecte manchas en otro y unas cuantas faltas en un tercero. Pero no está bien tener tantos errores. No es necesario que tengamos estos errores. Debemos dar gracias al Señor y alabarlo porque todos los pecados están bajo nuestros pies. Démosle gracias al Señor y alabémosle. No hay pecado, por grande que sea, que tengamos que cometer. Demos gracias a Dios y alabémosle. No hay tentación tan grande que no pueda ser vencida.

La vida que el Señor ha dispuesto para nosotros es una vida de comunión ininterrumpida con Dios. Todo cristiano puede hacer la voluntad de Dios y puede ser totalmente librado de sus afectos naturales. Todo cristiano puede vencer el pecado completamente y también su carácter. El cristiano puede consagrarlo todo a Dios y ser librado del amor que le tiene al pecado. Demos gracias a Dios y alabémosle. Esta no es una vida idealista; es una vida que puede ser llevada a la práctica plenamente.

SEAMOS FRANCOS Y NO NOS ENGAÑEMOS A NOSOTROS MISMOS

Tenemos que orar a Dios y pedirle que no nos deje engañarnos a nosotros mismos. Dios sólo puede bendecir a una clase de personas: las que son francas delante de El. En la predicación de Felipe vemos que la bendición de Dios sólo llega cuando la mentira se detiene. Debemos decir: "Oh Dios, te he mentido. Perdóname". Cuando oramos de ésta manera, el Señor inmediatamente nos bendice. Hermanos y hermanas, quizás ustedes hayan dicho: "Oh Dios, satisfáceme". Pero debemos entender que los que están insatisfechos no necesariamente tienen hambre. Para poder ser satisfechos debemos tener hambre. Cuando el hijo pródigo abandonó a su padre y lo malgastó todo, deseaba llenar su vientre con las algarrobas que comían los cerdos. Nadie le daba nada. Esto es estar insatisfecho. Algunos se encuentran diariamente insatisfechos y procuran llenar su vientre con algarrobas. Una cosa es estar insatisfecho, y otra tener hambre. ¿Cómo podemos estar satisfechos cuando estamos débiles y cayendo constantemente? Aunque no estamos satisfechos, nos llenamos de cosas y vivimos esta clase de vida día tras día. No sólo necesitamos estar insatisfechos sino también tener hambre. El Señor solamente puede bendecir a una sola clase de personas en esta conferencia: las que tienen hambre. Dios no prometió satisfacer a los insatisfechos. Hermanos y hermanas, dejemos todas las mentiras. Ya le hemos mentido a Dios mucho tiempo. ¡Hemos fracasado! ¡Hemos fallado delante de Dios! Hacer esta confesión ante los hombres es una gloria para el nombre de Dios. Denle gracias a Dios y alábenlo. Todos los que son francos serán bendecidos. Denle gracias al Señor y alábenlo. Creo que muchos en esta ocasión tendrán un encuentro con Dios y que Dios los bendecirá.

CAPITULO DOS

LA VIDA CRISTIANA
QUE SE REVELA EN LA BIBLIA

Lectura bíblica: Ef. 1:3

LA EXPERIENCIA DEL FRACASO

Cuando fuimos salvos, la gracia de Dios llenó de gozo nuestros corazones. En ese entonces nuestra vida estaba llena de esperanza; creímos que desde ese momento todos nuestros pecados quedarían bajo nuestros pies. Pensamos que de ahí en adelante podríamos vencerlo todo. En el momento de nuestra salvación creímos que no había ninguna tentación que fuera tan grande que no pudiéramos vencer, ni dificultad que no pudiéramos superar. Nuestro futuro estaba lleno de una esperanza gloriosa. Por primera vez gustamos la paz del perdón y saboreamos el gozo. Era muy agradable y sencillo tener comunión con Dios. Nos sentíamos llenos de gozo y de felicidad. Aun el cielo estaba más cerca. Nada parecía imposible. En ese entonces pensábamos que cada día sería un día de victoria.

Sin embargo, esta maravillosa condición no duró mucho, y nuestra maravillosa esperanza no se hizo realidad. Los pecados que creíamos se habían ido o que habíamos vencido de repente regresaron. Pensábamos que ya los habíamos dejado atrás, pero volvieron. Nuestro antiguo mal genio regresó; el orgullo volvió; y nuestra envidia apareció otra vez. Tal vez tratamos de leer la Biblia pero fue inútil. Quizás orábamos, pero ese dulce sabor ya no estaba allí. El anterior celo por las almas perdidas se había desvanecido. El amor comenzó a menguar. Algunos asuntos sí habían sido solucionados, pero otros no los pudimos resolver. Nuestra canción diaria se volvió una canción de derrota y no de victoria. Llegamos a

experimentar más fracasos que victorias en nuestra vida cotidiana. Comenzamos a sentir un gran vacío interior. Al compa-
rarnos con Pablo, Juan, Pedro y con los cristianos del primer
siglo, pensábamos que había una gran diferencia entre sus
experiencias y la nuestra. No podíamos ayudar a otros; sólo
les podíamos hablar del lado victorioso de nuestra experiencia. No podíamos hablarles del lado en que habíamos fracasado. Creíamos que los días de victoria eran pocos, y que los
días de fracaso eran numerosos. Vivíamos diariamente en
miseria. Esta es la experiencia común de muchos cristianos.

Cuando fuimos salvos pensamos que ya que nuestros pecados habían sido perdonados, nunca regresarían. Creímos que
la paz y el gozo que experimentamos permanecerían siempre
con nosotros. Lamentablemente, los pecados y las tentaciones
regresaron. Las experiencias elevadas llegaron a ser pocas y
las experiencias bajas se volvieron comunes. Hubo menos
momentos de gozo y los momentos tristes se hicieron más frecuentes. En tal situación, experimentamos dos cosas: por una
parte, las tentaciones, el orgullo, la envidia y el mal genio
regresan; y por otra, nos esforzamos por reprimirnos. En el
momento en que estos pecados regresan, nos esforzamos
por refrenarlos e impedir que se manifiesten. Aquellos que
logran refrenarse creen haber vencido, y aquellos que no
lo logran, viven en un círculo vicioso de fracaso, victoria,
pecado y remordimiento. Como consecuencia, caen en profundo desánimo. Poco después de ser salvos reprimen sus
pecados de manera consciente, o se resignan pensando que la
victoria es imposible. Se vuelven negativos y se desalientan.
Por una parte, experimentan algo de victoria; pero por otra,
experimentan muchos fracasos. Cuando logran refrenarse,
sus pecados se detienen temporalmente; pero cuando caen,
ceden al inevitable destino de cometer pecados.

Hermanos y hermanas, quisiera hacerles una pregunta
delante de Dios: Cuando el Señor Jesús fue a la cruz, ¿esperaba que tuviéramos la experiencia que vivimos hoy? Cuando
fue crucificado, ¿sabía Él que nuestra vida sería victoriosa un
día y derrotada el siguiente? ¿Sabía Él que seríamos victoriosos
en la mañana y derrotados en la noche? ¿Son Sus logros en la
cruz insuficientes para hacer que le sirvamos en santidad y

justicia? ¿Derramó El Su sangre en la cruz con el fin de librarnos del castigo del infierno solamente, mas no del dolor del pecado? ¿Es Su sangre derramada en la cruz suficiente sólo para salvarnos del dolor del pecado eterno en el futuro, sin salvarnos del dolor del pecado hoy? Oh, hermanos y hermanas, no puedo evitar decir "¡Aleluya!". ¡El Señor lo logró todo en la cruz! Cuando estuvo en la cruz no sólo le puso fin al dolor del infierno sino también al dolor del pecado. El no sólo se acordó del dolor del castigo del pecado, sino también del dolor del poder del pecado. El preparó un camino de salvación para nosotros, que nos hace aptos para vivir en la tierra de la misma manera que El vivió. Hermanos y hermanas, Cristo no sólo acabó con el sufrimiento del infierno, sino que también le dio fin al sufrimiento del pecado. En otras palabras, Su obra redentora no nos dio la posición y la base para ser salvos sólo de una manera superficial, sino también para que fuésemos salvos plenamente. No tenemos que vivir de la manera en que vivimos hoy. Tenemos que decir: "¡Aleluya!" porque hay un evangelio para los pecadores y también un evangelio para "los cristianos pecadores". El evangelio para los cristianos pecadores se predica de la misma forma que la cruz se nos predicó antes. ¡Aleluya! Hay un evangelio hoy para los cristianos pecadores.

LA VIDA CRISTIANA QUE DIOS DISPUSO

En el mensaje anterior vimos en qué consiste nuestra propia experiencia. Hoy quisiéramos observar la clase de vida que Dios dispuso para el cristiano. Según Dios, ¿qué clase de vida debe llevar un cristiano? No nos referimos a cristianos más experimentados, sino a todos los cristianos, los que han sido salvos y regenerado y han recibido la vida eterna. ¿Qué clase de vida deben llevar? Sólo después de que sepamos esto, veremos qué nos falta. ¿Qué dice la Biblia acerca de la vida cristiana? Examinemos algunos pasajes en la Biblia.

Una vida libre de pecado

Mateo 1:21 dice: "Y dará a luz un hijo, y llamarás Su nombre Jesús, porque El salvará a Su pueblo de sus pecados." Hace poco, cuando estuve en Chefoo y Pekín, algunos hermanos comentaban que antes les gustaba mucho llamar al Señor "el Cristo", pero que ahora les gustaba llamarlo "Jesús, mi salvador". Es llamado Jesús porque El salva a Su pueblo de los pecados. Nosotros recibimos a Jesús como salvador y obtuvimos la gracia del perdón. Demos gracias al Señor y alabémosle porque ahora Jesús es nuestro salvador y porque nuestros pecados ya fueron perdonados. Pero, ¿qué ha hecho Jesús por nosotros? El salva a Su pueblo de los pecados. Esto es lo que Dios dispuso; es lo que Cristo logró. Lo importante ahora es si seguimos viviendo en el pecado o si hemos sido librados de él. ¿Viene nuestro viejo mal genio a atormentarnos? ¿Seguimos atados a nuestros pecados y enredados por nuestros pensamientos? ¿Somos tan orgullosos y tan egoístas como antes? ¿Seguimos siendo los mismos, o ya fuimos librados del pecado? Muchas veces he dado este ejemplo: hay una diferencia entre un flotador y un bote salvavidas. Cuando un hombre cae al agua y alguien le tira un flotador, él no se ahogará si se aferra a él, pero tampoco saldrá del agua. No se hundirá, pero tampoco podrá salirse del agua. No estará muerto, pero tampoco estará viviendo. El bote salvavidas es diferente. Al entrar en el bote salvavidas, la persona que estaba en peligro de ahogarse sale del agua. La salvación que el Señor nos ha provisto no es la salvación del flotador sino la de la barca. El no se detendrá a mitad de camino dejándonos entre la vida y la muerte. El salvará a Su pueblo de los pecados. El no nos deja en los pecados. Por consiguiente, la salvación descrita en la Biblia nos salva del pecado. Sin embargo, aunque ya creímos, no somos salvos del pecado, pues aún vivimos en él. ¿Acaso está la Biblia equivocada? No, no hay nada errado en la Biblia; es nuestra experiencia la que está errada.

¿Qué otra cosa hizo Jesús cuando vino a nosotros? ¿Qué dice la Biblia acerca de Su obra?

Una vida que tiene comunión íntima con Dios

Lucas 1:69 dice: "Y nos levantó un cuerno de salvación en la casa de David Su siervo". Los versículos 74 y 75 dicen: "Nos había de conceder que, librados de la mano de nuestros enemigos, sin temor le serviríamos en santidad y en justicia delante de El, todos nuestros días". Dios nos levantó un cuerno de salvación en la casa de David. Nosotros ya tenemos este cuerno. ¿Qué ha hecho este cuerno de salvación por nosotros y hasta qué punto nos ha librado? El nos ha librado de la mano de nuestros enemigos. ¿Qué clase de vida desea El que vivamos después de ser librados? Después de ser librados de la mano de nuestros enemigos, ¿está El interesado solamente en que le sirvamos en santidad y justicia? ¿Es eso lo único que El desea? Si es así, le serviremos en santidad y justicia sólo algunas veces. Pero demos gracias al Señor y alabémosle, pues Su palabra dice que debemos servirle en santidad y justicia *todos nuestros días*. Debemos servirle en santidad y justicia mientras vivamos en la tierra. Esta es la clase de vida que Dios ha dispuesto para nosotros. Debemos servirle en santidad y justicia todos nuestros días. Por supuesto, para nuestra vergüenza debemos admitir que no le hemos servido en santidad y justicia todos nuestros días, aunque Dios sí nos ha librado de la mano de nuestros enemigos. O está equivocado lo que dice la Biblia o es nuestra experiencia la que está errada. Si nuestra experiencia es correcta, entonces la Biblia está equivocada. Anteriormente, me preguntaba qué clase de vida espera la Biblia de un cristiano. Según ella, todo aquel que es salvo, debe servir al Señor en santidad y justicia todos sus días. Si la Biblia está equivocada, nuestra experiencia podría justificarse; pero si la Biblia no lo está, es nuestra experiencia la que tiene que estar mal.

Una vida que halla plena satisfacción en el Señor

Juan 4:14 dice: "Mas el que beba del agua que Yo le daré, no tendrá sed jamás; sino que el agua que Yo le daré será en él un manantial de agua que salte para vida eterna". ¡Cuán preciosas son estas palabras! No se refiere a un tipo de cristiano en particular. No dice que sólo aquellos que han recibido una gracia especial del Señor pueden tener un manantial de agua que salte para vida eterna. El Señor dijo esto a la mujer samaritana, una mujer a quien El no conocía. Le dijo que si ella creía, recibiría agua de vida. Esta agua sería en ella un manantial que salte para vida eterna. Hermanos y hermanas, ¿qué significa tener sed? Si uno tiene sed, significa que no está satisfecho. Aquellos que beben del agua que el Señor les da no tendrán sed jamás. Démosle gracias al Señor y alabémosle. Un cristiano es alguien que no sólo está conforme sino que siempre está satisfecho. No es suficiente que el cristiano se conforme, pues lo que Dios nos da, nos satisface eternamente. ¿Pero cuántas veces hemos cruzado las grandes avenidas sin sentirnos sedientos? ¿Tenemos sed al caminar frente a las grandes tiendas? Si anhelamos esto o aquello, ¿no es esto tener sed? ¿Tenemos sed cuando nos fijamos en nuestros colegas y compañeros de estudio y envidiamos lo que tienen? Aún así, el Señor dijo: "El que beba del agua que Yo le daré no tendrá sed jamás; sino que el agua que Yo le daré será en él un manantial de agua que salte para vida eterna". Lo que Él nos da es una clase de vida; sin embargo, lo que nosotros experimentamos es diferente. El Señor nos dice que Él es todo lo que necesitamos, pero nosotros decimos que Él no es suficiente. Nosotros necesitamos otras cosas para poder ser satisfechos, pero Él dice que con Él basta. ¿Es errado lo que recibimos del Señor o es nuestra experiencia la que está mal? Uno de los dos debe de estar equivocado. No es posible que el Señor nos gire un cheque sin fondos. Lo que Él promete, ciertamente lo dará. Nuestra experiencia pasada es expresada en las palabras de un himno: "Antes medio salvo" (*Himnos*, #235, estrofa 2). ¿Por qué dice el Señor que el creyente no tendrá sed jamás? Porque llega a ser diferente en su interior. En su interior hay nuevas exigencias y nuevas satisfacciones. Hermanos y hermanas, ¿vivimos delante de Dios y le servimos en santidad y justicia todos nuestros días? ¿Vivimos delante de Dios cada día en santidad y justicia como dijo el sacerdote Zacarías en Lucas 1:75? ¿Tenemos algo que salta desde nuestro interior constantemente y apaga la sed de otros? En chino existe la expresión *wu-wei*, que significa "no hacer nada". Los cristianos no tienen que pedir nada. Podemos decir que el Señor es suficiente para nosotros. ¿Estamos satisfechos únicamente con el Señor? ¿Estamos satisfechos con el Señor Jesús solamente? Si no lo estamos, esto indica que algo anda mal en nuestro vivir.

Una vida que afecta a otros

Juan 7:37 y 38 dice: "En el último y gran día de la fiesta,

Jesús se puso en pie y alzó la voz, diciendo: Si alguno tiene sed, venga a Mí y beba. El que cree en Mí, como dice la Escritura, de su interior correrán ríos de agua viva". ¿Del interior de quienes correrán ríos de agua viva? No correrán solamente de los cristianos especiales o de los apóstoles Pablo, Pedro y Juan, sino de todos los que creen, de hombres comunes como nosotros. Es del interior de hombres como nosotros que correrán ríos de agua viva. Cuando la gente tenga contacto con nosotros, debe hallar satisfacción y dejar de tener sed. Tuve una amiga que con el simple contacto que tenía con las personas éstas podían percibir la vanidad del mundo, la necedad de la ambición y la esterilidad de la avaricia. Es posible que alguien se sintiera insatisfecho por algo. Tan pronto tenía contacto con ella, encontraba que el Señor es suficiente y satisface. Por otro lado, quizás alguien estaba contento con algo, pero cuando tenía contacto con ella, descubría que aquello no tenía valor. El Señor dijo que quien cree en El, de su interior correrían ríos de agua viva. Esta debe ser una experiencia común a todos los cristianos. No estoy hablando de la experiencia de cristianos especiales sino de la experiencia de todos los cristianos comunes. Hermanos y hermanas, ¿dejan otros de tener sed cuando se relacionan con nosotros o permanecen sedientos? Si otros se quejan de sus sufrimientos y nosotros también, si otros se sienten tristes y nosotros hacemos lo mismo, y si otros confiesan sus fracasos y nosotros los nuestros, ya no somos ríos de agua viva sino un árido desierto. Inclusive, secaremos la hierba verde de otros. Cuando esto nos sucede, alguien está equivocado, o Dios o nosotros. Pero ya que Dios no puede equivocarse, indudablemente somos nosotros los que estamos errados.

Una vida libre del poder del pecado

Veamos lo que sucede en el libro de los Hechos. El versículo 26 del capítulo tres dice: "A vosotros primeramente, Dios, habiendo levantado a Su siervo, lo envió para que os bendijese, a fin de que cada uno se convierta de sus maldades". El mensaje que dio Pedro en el pórtico del templo habla de nuestra condición. Lo que el Señor Jesús logró basta para librarnos del pecado. El cristiano debe de tener la experiencia básica de ser liberado del pecado. Como cristianos, debemos, por lo menos, vencer los pecados conocidos. Es posible que no venzamos los pecados que no conozcamos. Pero debemos vencer por medio del Señor todos los pecados que conocemos. Quizás estamos acosados por muchos pecados que nos han atormentado por años. Por el poder del Señor, debemos vencer todos estos pecados. Este es el modelo bíblico. Es normal que un hombre sea ocasionalmente sorprendido en alguna transgresión. Pero en nuestra experiencia sólo ocasionalmente vencemos. ¡Cuán anormal es nuestra experiencia!

Romanos 6:1-2 dice: "¿Qué, pues, diremos? ¿Permaneceremos en el pecado para que la gracia abunde? ¡De ninguna manera! Los que hemos muerto al pecado, ¿cómo viviremos aún en él?". Todo el que ha creído en el Señor Jesús y llega a ser cristiano, ha muerto al pecado. Nadie que haya creído en el Señor Jesús y llegue a ser cristiano debe seguir viviendo en el pecado. Pero, ¿cómo sabemos que estamos muertos al pecado? El versículo siguiente nos da la respuesta.

El versículo 3 dice: "¿O ignoráis que todos los que hemos sido bautizados en Cristo Jesús, hemos sido bautizados en Su muerte?". En otras palabras, todos los que han sido bautizados y son salvos están muertos al pecado. Cuando una persona se bautiza, muere en Cristo Jesús.

El versículo 4 dice: "Hemos sido, pues, sepultados juntamente con Él en Su muerte por el bautismo, a fin de que como Cristo resucitó de los muertos por la gloria del Padre, así nosotros andemos en novedad de vida". Este debe ser el vivir diario de cada cristiano. Todos los que han sido bautizados deben andar en novedad de vida. Este no es un versículo dirigido sólo a un grupo especial de cristianos, sino a todos los cristianos, a aquellos que son salvos y bautizados. Todos fuimos bautizados; por lo tanto, todos debemos andar en novedad de vida. Esta es la experiencia que Dios ha dispuesto para cada cristiano. ¿Andamos nosotros en novedad de vida?

Romanos 6:14 dice: "Porque el pecado no se enseñoreará más de vosotros; pues no estáis bajo la ley, sino bajo la gracia". Yo valoro mucho este versículo. Hermanos y hermanas, ¿quién no está bajo la ley, sino bajo la gracia? ¿Acaso Andrew Murray fue el único? ¿O fueron Pablo, Pedro y Juan los únicos? ¿No son todos los que han creído los que no están bajo la ley, sino bajo la gracia? ¿Cuántos de los presentes están bajo la gracia? Damos gracias y alabanzas al Señor porque estamos bajo la gracia. Ninguno de nosotros está bajo la ley. Sin embargo, hay otra oración antes de ésta: "El pecado no se enseñoreará de vosotros". Le agradecemos al Señor y lo alabamos porque el pecado no se enseñoreará más de nosotros. Le damos gracias al Señor y lo alabamos porque la victoria no es la experiencia de un grupo especial de cristianos. Le alabamos y le damos gracias porque la victoria es la experiencia de cristianos comunes. Damos gracias y alabanzas al Señor porque todo cristiano salvo está bajo la gracia. Cuando fui salvo, vi este versículo y tuvo mucho valor para mí. Me di cuenta de que había experimentado muchas victorias y vencido muchos pecados. Me di cuenta de que Dios me había concedido Su gracia. Pero todavía había un pecado que se enseñoreaba de mí. De hecho, algunos pecados constantemente regresaban a visitarme. Esto era similar a la experiencia que tuve un día con un hermano. Me lo encontré en la calle y lo saludé de lejos. Luego entré a una tienda a comprar algo. Cuando salí, él venía hacia mí y lo saludé una vez más. Luego entré en un segundo almacén y compré otro artículo. Cuando salí me lo volví a encontrar y lo saludé de nuevo. Al voltear por la calle siguiente, me encontré una vez más con él y lo volví a saludar. Crucé una segunda calle, y al volvernos a encontrar, lo volví a saludar. En total me lo encontré y lo saludé como cinco veces ese día. Nos encontramos con el pecado de la misma forma que me encontré con este hermano. Parece como si el pecado fuera a nuestro encuentro a propósito. Siempre nos estamos topando con él; parece que nos estuviera siguiendo constantemente. A algunos los sigue su mal humor continuamente; a otros los siguen el orgullo y la envidia. La pereza parece seguir a unos y la mentira a otros. Puede ser que uno siempre tenga un espíritu implacable, mientras que otro es atormentado continuamente por deseos bajos o por el egoísmo. Algunos se ven acosados con frecuencia por pensamientos impuros, mientras otros experimentan deseos concupiscentes a cada instante. Todos parecen tener por lo menos un pecado que siempre los persigue. Tuve unos cuantos pecados que me atormentaban de continuo. Tuve que reconocer que el pecado se enseñoreaba de mí. Dios dijo que el pecado no se enseñoreará de mí, pero yo tuve que confesar que algo estaba mal. Tuve que confesar que el error estaba en mí y no en la palabra de Dios. Hermanos y hermanas, si vivimos una vida de derrota, debemos recordar que esto no fue lo que Dios dispuso para nosotros. Tenemos que entender que Dios no tiene la intención de que el pecado se enseñoree de nosotros. Su palabra dice que el pecado no se enseñoreará de nosotros.

Romanos 8:1 dice: "Ahora, pues, ninguna condenación hay para los que están en Cristo Jesús". He hablado muchas veces sobre la palabra *condenación*. Hace unos veinte años alguien encontró unos manuscritos antiguos y descubrió que esta palabra tenía dos significados. Uno se usa en un contexto civil y el otro dentro de un contexto judicial. Según la aplicación civil se puede traducir "incapacidad". Por tanto, este versículo puede ser traducido: "Ahora, pues, ninguna incapacidad hay en los que están en Cristo Jesús". Hermanos y hermanas, ¡cuán maravilloso es esto! ¿Para quién se escribió este versículo? ¿Sólo para Juan Wesley o para Martín Lutero o para Hudson Taylor? ¿Qué dice la Biblia? Dice: "Ahora, pues, no hay ninguna incapacidad en los que están en Cristo Jesús". ¿Quiénes son éstos? Los cristianos. Un cristiano es una persona que está en Cristo Jesús, y ningún cristiano se debe hallar en una condición de impotencia.

El versículo 2 dice: "Porque la ley del Espíritu de vida me ha librado en Cristo Jesús de la ley del pecado y de la muerte". Repetiré un centenar de veces que no son solamente cristianos especiales los que son librados de la ley del pecado y de la muerte. Todo cristiano debe ser librado de la ley del pecado y de la muerte. ¿Qué significa ser incapaz? Según Romanos 7, significa hacer lo que uno aborrece y no poder hacer el bien que uno quiere. Es descubrir que "el querer el bien está en mí, pero no el hacerlo". La incapacidad equivale a la impotencia para hacer algo. La historia de muchos cristianos está llena de constantes decisiones y de incumplir dichas decisiones. Continuamente deciden hacer algo y continuamente fracasan. Pero alabemos al Señor porque la palabra de Dios dice que ningún cristiano es incapaz. ¿Qué es una ley? Es un fenómeno que sucede siempre de la misma manera. Cuando se tiene una ley, la misma acción produce el mismo resultado bajo cualquier circunstancia en que se realice. Una ley es un fenómeno constante; es una tendencia invariable, una condición que continuamente se repite. Por ejemplo, tenemos la ley de la gravedad. Siempre que un objeto se deje caer, la gravedad lo atraerá hacia el suelo. La fuerza de gravitación es una ley. Para algunas personas, perder la calma es una ley. Tal vez traten de controlarse una o dos veces, pero la tercera se alterarán. En la cuarta vez, perderán la calma. Esto les sucede a todos los hermanos. Quizás uno logre controlarse al principio, pero al final explotará. Cada vez que la tentación venga, el mismo resultado se repetirá. Podemos observar que sucede lo mismo con el orgullo. Cuando otros hablen bien de usted, es posible que no sea conmovido. Pero, cuando lo elogien una segunda vez, su expresión cambiará de inmediato y su rostro resplandecerá. Una ley produce el mismo resultado cuando se repite el mismo procedimiento. El pecado se ha hecho una ley para nosotros. Muchos hermanos son complacientes en ciertas cosas, pero cuando alguien les toca cierto tema, se alteran. Pueden vencer muchas cosas, pero se irritan al tocar ciertas cosas.

Hermanos y hermanas, para vencer la ley del pecado no se necesitan cristianos especiales. Ningún cristiano tiene que quedarse en su incapacidad. Todos los cristianos pueden ser librados de la ley del pecado. Los versículos mencionados presentan hechos, no mandamientos. Todo cristiano debe experimentar esto. Sin embargo, nuestra experiencia no corresponde a la palabra de Dios. ¡Cuán triste es esto!

Una vida que vence toda circunstancia

Romanos 8:35 dice: "¿Quién nos separará del amor de Cristo? ¿Tribulación, o angustia, o persecución, o hambre, o desnudez, o peligro, o espada?". El versículo 37 dice: "Antes, en todas estas cosas somos más que vencedores por medio de Aquel que nos amó". ¡Oh, nuestro Señor, quien nos amó, es más que vencedor en todas estas cosas! Esta debería ser la experiencia cristiana; pero en nuestro caso, ni siquiera necesitamos que la tribulación o la espada nos sobrevenga; tan pronto alguien nos mira mal, perdemos el amor de Cristo. Sin embargo, Pablo dijo que él era más que vencedor en todas estas cosas. Esta debe ser la experiencia común de todos los cristianos. La experiencia normal de un cristiano debe ser la victoria; lo anormal debería ser la derrota. Según lo que Dios dispuso, todo cristiano debe ser más que vencedor. Cada vez que nos encontremos con tribulación, angustia, persecución, hambre, desnudez, peligro o espada, no sólo debemos vencer, sino que debemos ser más que vencedores. No importa si hay dificultades. Las personas de afuera pueden pensar que los cristianos nos hemos vuelto locos. Aleluya, pueden decirlo, pero nosotros ya no estamos preocupados por esas cosas y somos más que vencedores en ellas por causa del amor de Cristo. ¡Gloria al Señor! Esta debe ser la experiencia de todo cristiano; es la experiencia que Dios nos ha designado. Pero, ¿cuál es nuestra verdadera condición? La Biblia no ha escondido estas experiencias de nosotros, pero nosotros muchas veces no sabemos cómo entrar en ellas. Antes de que la tribulación se intensifique, ya estamos gritando: "¡Necesito paciencia! ¡Estoy sufriendo!". Si encontramos el camino para entrar en esta vida, seremos más que vencedores en todas estas cosas.

En 2 Corintios 2:14 dice: "Mas a Dios gracias, el cual nos lleva siempre en triunfo en el Cristo, y por medio de nosotros manifiesta en todo lugar el olor de Su conocimiento". Hermanos y hermanas, la vida cristiana no es una vida que vence algunas veces y otras es derrotada; no es una vida que vence en la mañana y es derrotada en la tarde. La vida cristiana vence constantemente. Si hoy nos encontramos frente a una tentación y la vencemos, no debemos emocionarnos tanto que no podamos dormir en la noche. La experiencia de no vencer debería ser lo anormal. Vencer debe ser común y frecuente.

Una vida capaz de hacer el bien

Efesios 2:10 dice: "Porque somos Su obra maestra, creados en Cristo Jesús para buenas obras, las cuales Dios preparó de antemano para que anduviésemos en ellas". Hermanos y hermanas, recordemos que Efesios 2:10 viene después de los versículos 8 y 9. En los versículos anteriores, dice que fuimos salvos por gracia y aquí se nos dice que somos Su obra maestra, creados en Cristo Jesús para buenas obras, las cuales Dios preparó de antemano para que anduviésemos en ellas. Esta no es una experiencia especial sólo para unos cuantos cristianos, sino que debe ser la experiencia de todo el que ha sido salvo. Dios nos salva para que hagamos el bien. Hermanos y hermanas, ¿concuerdan nuestras buenas obras con lo que Dios dispuso o estamos siempre quejándonos al hacer el bien? Suponga que usted limpia el piso. Es posible que mientras esté limpiando se queje de que sólo una o dos personas le ayudan y que las demás no lo hacen. Esto producirá jactancia o murmuración. Esto no es hacer el bien. Toda buena obra de un cristiano debe ir acompañada de un gozo que sobreabunda; no debemos ser avaros, jactanciosos ni egoístas, sino generosos y prontos para ayudar. Sería lamentable que sólo los mejores cristianos pudieran hacer el bien. Dios dispuso que hacer el bien debe ser la experiencia de todo cristiano.

Una vida llena de luz

Juan 8:12 dice: "Otra vez Jesús les habló, diciendo: Yo soy la luz del mundo; el que me sigue, jamás andará en tinieblas, sino que tendrá la luz de la vida". Esta es la vida que Dios le ha dado al cristiano. Los que pueden permanecer alejados de las tinieblas y caminan en la luz de la vida no son cristianos especiales. Ningún cristiano que sigue a Cristo debe andar en tinieblas; por el contrario, debe tener la luz de la vida. Un cristiano que está lleno de vida es sencillamente un cristiano normal, mientras que un cristiano que no tiene la luz es un cristiano anormal.

Una vida completamente santificada

En 1 Tesalonicenses 5:23 dice: "Y el mismo Dios de paz os santifique por completo; y vuestro espíritu y vuestra alma y vuestro cuerpo, sean guardados perfectos e irreprensibles para la venida de nuestro Señor Jesucristo". Esta es la oración que hizo el apóstol Pablo por los creyentes Tesalonicenses. Si dijo "os santifique por completo", es claro que uno puede ser santificado por completo. Es posible no hallar ningún defecto en un cristiano. Dios nos santificará por completo y nos guardará perfectos e irreprensibles. Nos referimos a la provisión que el Señor ha dado al cristiano. La salvación efectuada por el Señor ha dado a cada cristiano la capacidad de vencer el pecado completamente, de ser liberado de la esclavitud del pecado, de hollarlo y de tener una comunión con Dios sin estorbos. Esta es la vida que Dios ha ordenado para nosotros. Esto no es una simple teoría, sino un hecho, porque ésta es la provisión del Señor.

NECESITAMOS EXPERIMENTAR UNA LIBERACION PLENA

Hermanos y hermanas, ¿cuál es su experiencia? Si su experiencia no corresponde a lo que dice la Biblia, todavía no ha recibido plena salvación. Es un hecho que usted es salvo, pero aún no ha recibido plena salvación. Le daré una buena nueva: lo que el Señor logró en la cruz no sólo lo libró a usted del juicio del pecado, sino también del dolor del pecado. El preparó una salvación plena para que usted no tenga que quedarse con su salvación inicial, sino que pueda experimentar victoria diariamente mientras viva en la tierra.

¿Qué es la victoria? La victoria es lo que suple lo que nos falta en nuestra experiencia de salvación. Es cierto que muchos ya son salvos, pero algo les faltó en el momento de su salvación. Dios nos salvó y nos concedió Su gracia. El no tiene la intención de que vivamos errantes en la tierra. El quiere que experimentemos una liberación plena. Necesitamos compensar lo que nos faltó porque no fuimos salvos de una manera apropiada cuando creímos. Necesitamos la experiencia de vencer, la cual repone lo que nos ha hecho falta.

Hermanos y hermanas, ¿acaso nos salvó Dios sólo para que nos hallemos pecando y lamentándonos reiteradamente? Ya que el Hijo de Dios murió por nosotros, ¿permaneceremos en el pecado? Antes de ser salvos, estábamos esclavizados por el pecado. Ahora, después de ser salvos, ¿seguimos siendo esclavos del pecado? Antes de ser salvos, el pecado reinaba. Ahora que somos salvos, ¿debe seguir reinando el pecado? El pecado es diametralmente opuesto a Dios. No debemos permitir que quede en nosotros ni el menor indicio de pecado. ¿Haría Dios algo contrario a Sí mismo? ¡Por supuesto que no! ¡Cuán maligno es el pecado! Un pecado es un pecado, bien sea un pecado de nuestro carácter, una debilidad, un pecado del cuerpo, o un pecado de la mente. Digámosle al Señor: "Te doy gracias y te alabo. Lo que lograste en la cruz no sólo me libró del castigo del pecado, sino también del poder del pecado". Quiera el Señor mostrarnos que nuestra experiencia de salvación no fue completa cuando creímos. Que nos muestre la necesidad de vencer. Hermanos y hermanas, si nuestra experiencia no corresponde a la descrita en las Escrituras, significa que necesitamos vencer. Que el Señor brille sobre nosotros y nos ponga en evidencia. No debemos engañarnos a nosotros mismos diciendo que es inevitable que un cristiano peque. Ninguna otra palabra herirá el corazón del Señor más profundamente que ésta. Hermanos y hermanas, ¿conocemos la obra que Él realizó en la cruz? ¿Creen ustedes que el Señor fue a la cruz sólo para dejarnos como estamos? No debemos mentir. No debemos jactarnos de que podemos refrenarnos o controlarnos. Refrenarnos y controlarnos no es victoria. La victoria del Señor aplasta por completo el pecado. ¡Aleluya, el pecado está bajo los pies del Señor! Todos los que no hemos experimentado una comunión continua con el Señor ni hemos experimentado el poder que aplasta el pecado, necesitamos vencer. Que el Señor nos otorgue Su gracia y Sus bendiciones.

CAPITULO TRES

CARACTERISTICAS
DE LA VIDA QUE VENCE

Lectura bíblica: 1 S. 15:29 (En hebreo la frase *la Gloria de Israel* también puede traducirse "la Esperanza de Israel" o "la Victoria de Israel".)

¿Qué es la victoria? En la Biblia, la palabra victoria se menciona por primera vez en 1 Samuel 15:29, donde dice que la Victoria no mentirá ni se arrepentirá. Ciertamente la victoria es una persona. Una cosa no es una persona y un asunto tampoco es una persona, pero la Victoria de Israel es una persona. La victoria no es una cosa de experiencia, ni es un asunto; es una persona. Todos sabemos quién es esta persona; es Cristo. En un mensaje anterior les dije que la victoria no es algo que sale de nosotros. No es nuestra experiencia, sino una persona. La victoria no depende de lo que somos, sino que radica en que Cristo viva en nuestro lugar. Es por esto que la victoria que tenemos no mentirá ni se arrepentirá. Agradecemos al Señor y lo alabamos porque la victoria es una persona viviente.

En este mensaje examinaremos lo que es la victoria. Necesitamos examinar las características de la vida que vence. La Biblia nos muestra muchas características de la vida vencedora. No las vamos a enumerar todas en este mensaje; sólo mencionaremos cinco de ellas.

EL SIGNIFICADO DE ESTA VIDA:
UNA VIDA INTERCAMBIADA, NO UNA VIDA MODIFICADA

Hermanos y hermanas, la victoria se relaciona con una vida intercambiada, no con una vida modificada. La victoria no significa que uno se corrige, sino que es cambiado por otro.

Todos estamos familiarizados con Gálatas 2:20, que dice: "Con Cristo estoy juntamente crucificado, y ya no vivo yo, mas vive Cristo en mí; y la vida que ahora vivo en la carne, la vivo por fe, la fe en el Hijo de Dios". ¿Qué significa este versículo? Significa que nuestra vida es intercambiada. Nuestra vida ya no está en la esfera del "yo"; éste ya no tiene nada que ver con nosotros. No se trata de un "yo" malo convertido en un "yo" bueno, ni de un "yo" sucio convertido en un "yo" limpio; lo que dice es "ya no vivo yo". El error más grave que cometemos hoy es pensar que la victoria supone un progreso y que la derrota indica una ausencia de progreso. Es por esto que pensamos que todo irá bien si no perdemos la paciencia o siempre que tengamos una comunión íntima con el Señor. Creemos que si tenemos estas cosas, venceremos; pero debemos recordar que la victoria no tiene nada que ver con nosotros. Nosotros no tenemos ninguna participación en esta victoria.

Una vez un hermano me dijo con lágrimas en los ojos; "¡No puedo vencer!". Le respondí: "Hermano, por supuesto que no puedes vencer". El añadió: "No soy capaz de vencer y no puedo hacer nada al respecto". Así que le dije: "Dios no tiene la intención de que tú venzas por tu propia cuenta. No es Su intención que tu mal genio sea cambiado por una personalidad calmada ni que tu obstinación se convierta en mansedumbre. Dios no tiene la intención de cambiar tu tristeza en gozo. Lo que El desea hacer es cambiar tu vida por otra. Esto no tiene nada que ver contigo".

Una hermana decía: "A otros les resulta fácil vencer. Pero a mí me es muy difícil hacerlo. Mi genio es peor que el de cualquiera; mis pensamientos son más impuros que el de los demás y mi naturaleza es peor que la de otros. No puedo controlarme". Yo le respondí: "Tienes razón. No sólo es difícil que venzas; es imposible que puedas hacerlo. ¿Acaso crees, que si uno es un poco más honesto, sencillo o con una personalidad calmada, le será más fácil vencer? ¡Jamás! Por un lado, si una persona cambia y se vuelve más amable, más santa y más perfecta, de todos modos tendrá que ser eliminada, y Cristo tiene que intervenir antes de que El pueda vencer. Si por el contrario es más vil, más perversa y más imperfecta que cualquiera, aun así, podrá vencer si quita de en medio su yo y deja que Cristo actúe. Un hombre iracundo y moralmente corrupto necesita creer en el Señor Jesús, y un hombre que tiene un buen temperamento y es muy recto también necesita creer en el Señor Jesús. De igual forma, no sólo los iracundos y los inmorales necesitan la victoria, sino también los que tienen buen genio y los rectos. Demos gracias al Señor y alabémosle porque la victoria es Cristo y no depende de nosotros. Nunca he visto una persona a quien se le hiciera tan difícil vencer como a una hermana que conocí. Ella pasó dos horas contándome todos los fracasos que tuvo desde que era joven hasta que llegó a los cincuenta años. Ella no conseguía vencer su orgullo ni su mal genio. Sufrió derrota tras derrota. No había persona tan deseosa de vencer como ella; aun así, nadie hallaba tan imposible vencer como ella. Me dijo que si ella tenía que ser una de la persona más deseosas de vencer que existía y también una de las más incapaces de hacerlo. Se lamentaba de sus fracasos y hasta intentó en una ocasión suicidarse por causa de ellos. Ella había perdido toda esperanza. Mientras me contaba todo esto, le sonreí y le dije: "El Señor tiene hoy otro paciente ideal para El. Hay trabajo por hacer en Su clínica una vez más". Ella estaba llena de sus propios pecados, su orgullo y su mal genio. Una persona que no conociera la manera de vencer, tal vez se habría contagiado por su bombardeo de palabras. Alguien que no supiera lo que significa vencer, habría concluido que ella no tenía remedio. Pero debemos dar gracias y alabar al Señor. Les tengo buenas nuevas: usted no puede cambiar; todo lo que usted necesita es un intercambio. Le agradecemos al Señor porque la vida vencedora no es una enmienda sino un intercambio. Si fuese responsabilidad de uno, no podría lograrse. Pero puesto que es responsabilidad de Cristo, El sí puede lograrlo. La pregunta radica en si el que vence es usted o es Cristo. Si Cristo vence, no importa si usted es diez veces peor de lo que es ahora.

Hermanos y hermanas, ¿qué es la victoria? La victoria no consiste en que usted venza, sino en que Cristo venza en su lugar. La clase de victoria que vemos en la Biblia se halla en Gálatas 2:20: "Ya no vivo yo, mas vive Cristo en mí". Cuando la gente de Fukien discute, con frecuencia usa una frase popular: *si-su-bien,* que quiere decir que no puede haber ningún cambio hasta que uno muera [N. de T. algo así como "genio y figura hasta la sepultura"]. Cuando estuve en Pekín, les dije a los hermanos que todos tenemos que decirnos a nosotros mismos *si-su-bien.* Alabamos al Señor porque no somos enmendados sino intercambiados.

Una hermana me preguntó en cierta ocasión cuál era la diferencia entre una enmienda y un intercambio. Yo usé el ejemplo de una Biblia vieja. Si queremos arreglar la Biblia, tenemos que cambiarle la cubierta y echarle pegamento al lomo. Quizás le pongamos en la portada nuevas letras doradas. Si hay letras que faltan en algunas páginas, tenemos que escribirlas. Si existen partes borrosas, tenemos que retocar las palabras originales. Después de muchos días y mucho trabajo, aún no estaremos seguros de que la hayamos arreglado como se debe. Pero si la cambiamos por una nueva, lo podemos hacer en un segundo. Todo lo que tiene que hacer es darme la que está dañada, y yo le daré una buena. Entonces, ya todo estará hecho. Dios nos dio a Su Hijo. No necesitamos esforzarnos. Una vez que hacemos el intercambio, todo queda hecho.

Permítanme darles otro ejemplo. Hace unos años, compré un reloj. La compañía que me vendió el reloj le daba dos años de garantía. Pero eran más los días que pasaba en la tienda que los que pasaba conmigo. Después de unos cuantos días, el reloj se descomponía y tenía que devolverlo al taller para que lo repararan. Esto sucedió repetidas veces. Tuve que ir al taller de reparación una, dos veces, aún diez o más veces. Finalmente quedé exhausto. El reloj había sido reparado incontables veces pero nunca había quedado bien arreglado. Yo le pregunté a la compañía si podía cambiarlo por otro. Ellos respondieron que no podían hacer esto; solamente ofrecían repararlo, pero nunca quedaba bien. Llegué a sentirme tan agotado que finalmente les dije: "Pueden quedarse con el reloj. No lo quiero". La manera humana de obrar es una constante reparación. Durante los dos años que tuve el reloj, estuvo en constante reparación. Siguiendo el método humano, no hay posibilidad de intercambio; sólo existe la alternativa de reparar.

Aun en el Antiguo Testamento podemos ver que Dios no

repara ni remienda, sino que reemplaza. Isaías 61:3 dice: "A ordenar que a los afligidos de Sion se les dé gloria en lugar de ceniza, óleo de gozo en lugar de luto, manto de alegría en lugar del espíritu angustiado; y serán llamados árboles de justicia, plantío de Jehová, para gloria suya". El método de Dios consiste en reemplazar. Dios no repara las cenizas, sino que las reemplaza por gloria. El no cambia el luto, sino que lo reemplaza por gozo. Dios nunca enmienda cosas, sino que las reemplaza. Agradecemos al Señor y le alabamos. Nosotros no hemos podido cambiarnos en todos estos años. Ahora Dios está haciendo un intercambio. Esto es lo que significa la santidad. Este es el significado de la perfección. Este es el significado de la victoria. Esta es la vida del Hijo de Dios. ¡Aleluya! Desde ahora en adelante, la mansedumbre de Cristo viene a ser mi mansedumbre. Su santidad llega a ser mi santidad y Su comunión con Dios la mía. Desde ahora, no existe pecado tan grande que no pueda vencer, ni tentación tan grande que no pueda soportar. ¡La victoria es Cristo, no yo! ¿Habrá un pecado tan grande que Cristo no pueda vencer? ¿Existe alguna tentación tan grande que Cristo no pueda superar? ¡Gloria al Señor! Ya no tengo temor. De ahora en adelante: no ya yo, mas Cristo.

EL PRINCIPIO FUNDAMENTAL DE ESTA VIDA: UN DON, NO UNA RECOMPENSA

Por favor, recuerden que la victoria es un don; no es una recompensa. ¿Qué es un don? Un don es un regalo; es algo ofrecido gratuitamente. Lo que recibimos como fruto de nuestro trabajo es un pago, pero lo que recibimos gratuitamente sin realizar ninguna labor es un don. Este se recibe gratuitamente; no tiene nada que ver con lo que hayamos hecho, y no tenemos que hacer ningún esfuerzo por obtenerlo; aquél requiere nuestro trabajo, y necesitamos esforzarnos por obtenerlo antes de poder alcanzarlo. La vida vencedora a la que nos referimos, no requiere nuestro esfuerzo. Podemos ver que en 1 Corintios 15:57 dice: "Mas gracias sean dadas a Dios, que nos da la victoria por medio de nuestro Señor Jesucristo". La victoria es algo que Dios preparó y nos dio. Recibimos la victoria sin costo alguno de nuestra parte; no necesitamos ganarla por nuestro esfuerzo propio.

Hermanos y hermanas, es un grave error pensar que sólo la salvación se obtiene gratuitamente, y que solamente podemos obtener la victoria por nuestro propio esfuerzo. Sabemos que no podemos confiar en ningún mérito ni obra nuestra para ser salvos. Sencillamente necesitamos ir a la cruz y recibir al Señor Jesús como nuestro Salvador. Este es el evangelio. Aunque pensamos que la salvación no requiere obras, seguimos creyendo que debemos hacer obras buenas después de ser salvos. Aunque no tratamos de ser salvos por obras, tratamos de vencer por obras. Pero así como uno no puede ser salvo por obras buenas, no puede vencer por ellas. Dios dice que de nosotros no puede salir ninguna buena obra. Cristo murió por nosotros en la cruz, y ahora vive por nosotros en nuestro ser. Lo que es de la carne siempre será carne, y Dios no desea nada que provenga de ella. Pensamos que la salvación se logra por medio de la muerte que el Señor Jesús sufrió por nosotros en la cruz, pero que después de ser salvos debemos esforzarnos por hacer el bien y esperar que venga lo mejor. Pero permítanme preguntarles: "Aunque ustedes ya han sido salvos por años, acaso ya son buenos?". Alabemos al Señor porque no podemos hacer el bien ni podemos producir nada bueno. ¡Aleluya! No podemos hacer el bien. Alabamos al Señor porque la victoria es un don Suyo; es algo que se nos da gratuitamente.

En 1 Corintios 15:56 se habla del pecado, la ley del pecado y la muerte. En 1 Corintios 15:57 vemos que es Dios quien nos concede la victoria. La victoria no consiste en vencer solamente el pecado, sino también la ley y la muerte. La redención que Dios preparó, nos hace aptos para vencer no sólo el pecado, sino también la ley y la muerte. Quisiera caminar por todo este salón y decirle a cada uno de ustedes que ésta es la buena nueva. ¡Dios ha concedido esta victoria a cada uno de nosotros!

Quizás usted esté buscando la manera de vencer la tentación. Tal vez esté buscando alguna forma de vencer su mal genio, su orgullo o su envidia. Es posible que haya pasado mucho tiempo tratando de lograr lo que desea, pero en cada ocasión es defraudado. Tengo hoy buenas nuevas para usted: la mansedumbre del Señor Jesús es suya sin costo alguno; la oración del Señor es suya gratuitamente; todo lo del Señor es suyo y no le cuesta nada. Cuando usted recibe al Señor, todo lo que es de El viene a ser suyo. ¡Aleluya! Si ésta no es una buena nueva, ¿qué otra cosa puede ser? Es posible que usted piense que tiene que esforzarse por orar sin cesar. Tal vez usted piense que tiene que hacer algo por tener comunión con Dios sin interrupciones. Quizá crea que tiene que esforzarse para deshacerse de todas las cosas negativas y para dejar de pecar. Es posible que crea que tiene que esforzarse por controlar su genio. Usted puede confesar sus pecados pero no puede dejar de cometerlos. Usted miente con frecuencia, y a pesar de su gran esfuerzo por acabar con este hábito continúa mintiendo. Me he encontrado con muchos hermanos que confesaban que no deseaban mentir, pero no podían cambiarse a si mismos. Tan pronto abrían la boca, salían mentiras. Tengo una buena noticia para ustedes hoy: Dios nos ha regalado la santidad del Señor Jesús, nos ha regalado Su paciencia, Su perfección, Su amor y Su fidelidad. Dios da todas estas cosas gratuitamente a los que las desean. Dios le da a uno la íntima comunión que Cristo disfruta con Dios. El concede la vida santa que Cristo vivió, y también otorga la perfección de Cristo. Estos son dones. Si usted trata de vencer por su propia cuenta, no podría lograr un cambio aun si lo intentara por otros veinte años; su mal genio no cambiaría y su orgullo aún lo acompañaría. En veinte años usted seguiría siendo el mismo. Pero Dios le ha preparado una salvación plena. Esta salvación hace que la paciencia de Cristo sea suya, que Su santidad sea suya, que la comunión que Cristo tiene con Dios venga a ser suya y que todas las virtudes de Cristo vengan a ser sus virtudes. ¡Aleluya! Esta es la salvación que Dios ha preparado. El desea dar estas virtudes gratuitamente.

Hermanos y hermanas, ¿han visto ustedes un pecador tratar de salvarse por obras? Yo he conocido muchas personas así. Cuando usted se encuentra con un pecador, le puede decir que no necesita hacer nada, porque Cristo ya lo ha hecho todo. Dios le ha dado al Señor Jesús. Todo lo que tiene que hacer es recibirlo. De la misma forma, hermanos y hermanas, les tengo un mensaje hoy: no necesitan hacer nada; Cristo ya lo ha hecho todo por ustedes. Dios le ha dado a Cristo. Todo lo que tiene que hacer es recibirlo. Una vez que lo reciba, vencerá. Así como la salvación no depende de sus obras, puesto que es un don gratuito de Dios, ser victorioso tampoco depende de las obras, porque es una gracia concedida gratuitamente de parte de Dios. La salvación no requiere absolutamente ningún esfuerzo de uno. De igual manera, ser victorioso no requiere ningún esfuerzo propio. Tengo aquí una Biblia. Suponga que yo se la quiero regalar. Las palabras de esta Biblia no fueron escritas por usted, ni fue usted quien le puso las letras doradas en la portada y tampoco tuvo que encuadernarla. Todo eso lo hicieron otros, pero ahora es un regalo gratuito para usted. Así es la victoria para nosotros. Es un don gratuito que Dios nos da. Nosotros no necesitamos obtener por nosotros mismos una victoria gradual, ni tampoco logramos nuestra propia santidad o nuestra perfección de manera gradual. Si hay algún hombre victorioso en la tierra, tiene que haber obtenido tal victoria del Señor Jesús.

Hace poco conocí a una hermana que me dijo que había estado durante veinte años tratando de vencer su orgullo y su mal carácter. El resultado no sólo fue derrota, sino una decadencia gradual a través de los últimos veinte años. No pudo hacer nada por mejorar. Yo le dije: "Si esperas vencer tu orgullo y tu falta de paciencia por ti mismo, no podrás lograrlo ni siquiera tratando otros veinte años. Si deseas ser libre de tu pecado, todo lo que tienes que hacer ahora es recibir el don de Dios. Este es el don gratuito que Dios te da. Lo único que debes hacer es recibirlo, y será tuyo. El Señor Jesús es la victoria. Si lo recibes como tu victoria, vencerás". ¡Gloria al Señor! En esa ocasión ella recibió el regalo de Dios. Debemos darnos cuenta de cuán vano es nuestro trabajo y que nuestra vida es un fracaso. Si aceptamos a Jesucristo, venceremos.

Romanos 6:14 es un versículo que ya conocemos: "Porque el pecado no se enseñoreará de vosotros; pues no estáis bajo la ley, sino bajo la gracia". ¿Cómo puede el pecado dejar de enseñorearse de nosotros? Esto sólo se puede lograr cuando ya no estamos bajo la ley, sino bajo la gracia. ¿Qué significa estar bajo la ley? He dicho muchas veces, que estar bajo la ley significa que Dios le exige al hombre hacer algo. Estar bajo la ley implica que nosotros hacemos algo para Dios. ¿Qué significa entonces, estar bajo la gracia? Estar bajo la gracia quiere decir que Dios hace algo por el hombre. Estar bajo la gracia implica que Dios obra en nuestro lugar. Si tenemos que hacer algo para Dios, el resultado será que el pecado se enseñoreará de nosotros. La paga de nuestro trabajo es que el pecado se enseñorea. Si Dios actúa en nuestro lugar, el pecado no podrá enseñorearse. Bajo la ley nosotros laboramos. Bajo la gracia, es Dios quien actúa. Cuando Dios actúa, el pecado no se enseñorea de nosotros. Cuando Dios trabaja, habrá victoria. Nada que provenga de nuestro propio esfuerzo es victoria. La victoria es algo gratuito.

Si hay alguien aquí que esté cansado de pecar; que esté harto de pecar; que peca tanto que ha dejado de actuar como cristiano y que piensa que ya no le encuentra sentido a ser cristiano, le diré que todo lo que tiene que hacer es recibir este don, y será victorioso instantáneamente. El principio para vencer es el principio de la gracia, y no el principio de la recompensa. Una vez que uno reciba este don, todos los problemas quedarán resueltos.

LA MANERA DE OBTENER ESTA VIDA: SE RECIBE, NO SE LOGRA

La vida vencedora es algo que se recibe; no se logra. Esta vida solo puede ser recibida, nunca puede ser lograda. ¿Qué significa recibir algo? Significa adquirir algo. ¿Qué significa lograr? Lograr implica un largo viaje. Uno sólo puede avanzar gradualmente y sin ninguna certeza de cuándo llegará. ¡Aleluya!, la victoria cristiana no se alcanza por medio de un proceso gradual. Una vez estaba en Kuling con el hermano Shing-liang Yu. Juntos escalábamos lentamente una montaña. Cuanto más subíamos, más cansado me sentía. Después de algún tiempo, le pregunté al hermano Yu cuánto nos faltaba para llegar a nuestro destino final. El me dijo que no faltaba mucho. Pero mientras seguíamos subiendo con mucha dificultad, nuestro destino aún no estaba a la vista. Cada vez que le repetía la pregunta al hermano Yu, él respondía:

"Ya casi llegamos". Por fin llegamos a nuestro destino. Si hubiéramos subido la montaña cómodamente sentados en un automóvil, la situación habría sido muy diferente; habríamos llegado allí sin tener que "lograr" llegar a la cima del monte Kuling. La victoria es algo que se recibe; no es algo que se alcanza. Todo lo relacionado con el Espíritu Santo se recibe, y de igual forma, todo lo relacionado con la victoria también se recibe.

Romanos 5:17 dice: "Pues si por el delito de uno solo, reinó la muerte por aquel uno, mucho más reinarán en vida por uno solo, Jesucristo, los que reciben la abundancia de la gracia y del don de la justicia". Según este versículo, la victoria es un don y sólo tenemos que recibirlo. La victoria no es algo que alcanzamos por medio de un proceso gradual; es un don que nos ha sido entregado en nuestras manos y que no requiere ningún esfuerzo. Si le doy esta Biblia al hermano Chang, ¿cuánto esfuerzo tendría que hacer para obtenerla? Todo lo que tiene que hacer es extender la mano, y la tendrá en ese mismo instante. Cuando yo le doy la Biblia a usted, le estoy dando un regalo. ¿Sería necesario que usted fuera a su casa y ayunara por esto? ¿Tendría que arrodillarse mirando hacia Jerusalén tres veces al día y orar por esto? ¿Tendría que tomar la decisión de no enojarse? No necesita hacer ninguna de estas cosas. Una vez que usted lo recibe todo, llega a ser suyo. ¿Qué pasos tiene que dar para recibir esta Biblia? Usted no tiene que pasar por un proceso. Tan pronto extienda la mano, la Biblia será suya. La victoria es un regalo. No necesita ser alcanzada; sólo ser recibida.

En 1 Corintios 1:30 tenemos un versículo muy conocido. Hasta se lo puedo decir de memoria: "Mas por El estáis vosotros en Cristo Jesús, el cual nos ha sido hecho de parte de Dios sabiduría: justicia y santificación y redención". La sabiduría es el tema general y por el momento lo dejaremos a un lado. Este versículo dice que Dios ha hecho a Cristo tres cosas: (1) justicia, (2) santificación y (3) redención. ¿Cuándo hizo Dios a Cristo nuestra justicia? Cuando Cristo murió en la cruz. En ese momento recibimos a Cristo como nuestra justicia. ¿Acaso tuvimos que llorar por tres días antes de recibirle? ¿Le recibimos después de ofrecer suficientes disculpas a Dios? Gracias y alabanzas sean dadas al Señor, porque el Hijo de Dios murió por nosotros. Tan pronto creímos, recibimos. Desafortunadamente muchos de nosotros todavía no entendemos esto de recibir al Señor Jesús como santificación; estamos perdiendo nuestro tiempo y nuestros esfuerzos. Recibir al Señor como justicia fue algo instantáneo. De la misma forma, recibir al Señor como nuestra santificación, es algo instantáneo. Si tratamos de progresar lentamente, esperando que algún día llegaremos a la santificación, nunca llegaremos. Aquellos que traten de establecer su propia justicia nunca serán salvos. De igual manera, los que traten de establecer su propia santificación, nunca vencerán.

¿Cuál es la diferencia entre recibir y lograr? La única diferencia radica en el tiempo: la primera es instantánea, mientras que la segunda es gradual. Hay una historia acerca de un hombre que robaba gallinas. Al principio robaba siete pollos a la semana. Después resolvió mejorar su comportamiento tratando de robar una gallina menos cada semana, esperando que al término de la sexta semana ya habría dejado de robar. El esperaba que su hábito de robar disminuyera gradualmente hasta que no robe. Dejar de robar de esta manera es un logro muy pobre, pues no sucede de manera instantánea; pero la victoria que proviene del Señor se obtiene inmediatamente.

La última vez que estuve en Chefoo, conocí a un hermano que perdía la paciencia muy fácilmente. Cuando se enojaba, toda su familia le tenía miedo. Su esposa, sus hijos y los que trabajaban en su negocio se ponían muy nerviosos. Hasta los hermanos en la iglesia le temían porque interrumpía la reunión si se airaba. El me dijo que no podía hacer nada con respecto a su mal genio. Yo le respondí que si tomaba al Señor como su victoria, vencería inmediatamente. Gracias al Señor él aceptó y venció. Un día me preguntó: "Hermano Nee, ¿cuánto tiempo hace que llevo venciendo?". Al contar nos dimos cuenta que ya había pasado un mes. Luego dijo: "El mes pasado mi esposa se enfermó gravemente y un día casi muere. Anteriormente, cuando mi hijo se enfermaba, yo me preocupaba tanto que caminaba de un lado a otro de la casa; mi semblante decaía y me ponía de mal humor. Pero esta vez, cuando mi esposa se enfermó y su pulso demostraba que su corazón latía irregularmente, le hablé a Dios suavemente y le dije: 'Está bien si te la quieres llevar'. Realmente no sé cómo ha desaparecido mi mal genio". Más adelante, su esposa mejoró un poco, y él llamó a un acupunturista para que le hiciera un tratamiento. El estuvo atendiendo a su esposa pacientemente todo el tiempo. El día en que partía, él vino a despedirse y me dijo que durante las últimas veinte horas sentía como si fuese la esposa de otro la que estaba enferma ya que no se sentía preocupado. Este hermano era dueño de una fábrica de artículos bordados y tenía allí muchas trabajadoras que eran bastante problemáticas. Durante ése mismo mes, sucedieron muchas cosas en la fábrica. Anteriormente él hubiera reaccionado y habría perdido la paciencia por estas cosas, pero ahora sentía como si no fueran sus problemas; incluso podía sonreír al hablar de ellos con sus trabajadoras. El dijo: "No sé adónde se ha ido mi mal genio". Esto es lo que significa recibir. Si fuese un asunto de lograr, temo que no lo habría logrado ni en otros veinte años. Demos gloria al Señor porque la victoria es algo que recibimos, no algo que logramos. Al estar aquí sentado, puede recibirla tan pronto exprese que la desea.

Una misionera que fue a la India, no llevó otra cosa consigo que su mal genio. Continuamente perdía la paciencia. Pensaba que sería la última persona del mundo en ser paciente. Una amiga que le había sido de mucha ayuda en las cosas espirituales había encontrado el secreto de dejar que Cristo fuera su vida vencedora. Esta le escribió a su amiga misionera y le dijo que la vida vencedora es algo que se recibe. Cuando la misionera recibió la carta hizo lo que su amiga le dijo. Tres meses más tarde, su amiga recibió una respuesta, en la que decía: "Al recibir tu carta, reconocí de inmediato que éste es el evangelio. Cristo es mi paciencia. Tan pronto lo recibí desapareció el mal genio, pero puesto que había caído tan miserablemente en el pasado, no me atrevía a decir nada todavía, hasta haberlo experimentado por tres meses. Los sirvientes de la India son muy necios e indisciplinados. Antes, cuando me enfurecía con ellos, les tiraba la puerta para mostrarles que estaba enojada. Ahora, al poner en práctica lo que tú dijiste, he dejado de tirar la puerta, pues ni siquiera me siento capaz de hacer tal cosa". Esto nos muestra que la victoria sobre el pecado es algo que el Señor logra por nosotros. No es necesario que hagamos ningún esfuerzo. Si tratásemos de hacerlo con nuestra propia fuerza, no tendríamos éxito aunque lo intentásemos por cien años. Hermanos y hermanas, permítanme repetirles: la victoria no es algo que se logra, sino algo que se recibe.

RECIBIR ESTA VIDA ES UN MILAGRO

Quizás usted recuerde que Pablo dijo una vez: "Porque Dios es el que en vosotros realiza así el querer como el hacer por Su beneplácito" (Fil. 2:13). Cualquier cosa que hagamos concordará con el beneplácito de Dios. Dios es el originador de todo lo que nosotros hagamos. Es Dios quien opera en nosotros para hacernos santos. No tenemos que hacer ningún esfuerzo propio, porque todo lo logramos por medio de Dios, quien opera en nosotros. La vida santa y perfecta no se produce por medio de nuestros propios esfuerzos; es exclusivamente obra de Dios.

Para muchas personas nada que no sea un milagro puede librarlos de su iniquidad. Muchas personas no son sensibles a sus fracasos; no perciben cuán desesperada es su situación. Otros se han rendido ante la imposibilidad de abandonar su mal genio, su orgullo o su forma de ser. Saben que nunca lograrán vencer a menos que Dios haga un milagro en ellos. ¿Hay alguien aquí que pueda vencer al pecado? El método del hombre consiste en reprimir el pecado, pero el de Dios consiste en hacer un milagro quitando al viejo hombre y limpiando todo el corazón. Si usted comprende el significado de la victoria de Dios, rebosará de gozo.

Una hermana tenía un genio extraordinariamente incontrolable. Su esposo, sus hijos, sus sirvientes y todos los que la rodeaban le temían; con todo y eso, era cristiana. A ella le desesperaba tener un carácter tan explosivo. Después de unos cuantos años de ser salva, recibió al Señor como su victoria. Inmediatamente tuvo que afrontar una prueba muy grande. El siguiente día después de haber recibido al Señor Jesús como su victoria, ella despertó y bajó a la sala de su casa. Su esposo y los sirvientes estaban tratando de colgar una lámpara del techo. A pesar de que la lámpara era muy costosa, ni su esposo ni sus sirvientes estaban siendo lo suficientemente cuidadosos. En el momento en que bajaba las escaleras, la lámpara cayó al suelo y se destrozó. Cuando su esposo la vio bajar, se quedó inmóvil a la espera de que su genio estallara; pero para su sorpresa, ella sólo dijo con un tono suave: "Simplemente barran los pedazos". Su esposo estaba asombrado. Anteriormente, ella habría vociferado con sólo quebrarse una taza o un pequeño plato; así que esta vez pensó que con seguridad se enojaría desmedidamente, y al ver su reacción le preguntó: "¿Dormiste bien anoche? ¿Estás enferma?". Ella respondió: "No estoy enferma. Dios ha hecho un milagro en mí y ha quitado mi viejo hombre". Su esposo respondió: "¡Esto es verdaderamente un milagro! ¡Qué milagro tan grande! Gracias al Señor. ¡Esto es un milagro!".

El señor C. G. Trumbull, fundador de la compañía Sunday School Times, es una persona experimentada en la vida espiritual. El entendía que la vida vencedora es un milagro. Cierta vez le testificó a un anciano que después de recibir al Señor Jesús como su vida, no sólo desapareció su mal genio sino aun el deseo de enojarse. El anciano le preguntó: "¿Quieres decir que todos tus pecados pueden ser eliminados?". El señor Trumbull le respondió: "Sí". Luego el anciano le dijo: "Creo que esto es verdad en ti porque creo que dices la verdad; pero esto nunca podría sucederme a mí". Más tarde el señor Trumbull invitó al anciano a orar con él. Después de una larga oración, el anciano también recibió este hecho. Poco después, el señor Trumbull se encontró de nuevo con el anciano, y éste le dijo: "Nunca he llegado a experimentar en mi vida lo que experimenté aquella noche. Fue un milagro; ya no hay ni lucha ni esfuerzo, y ahora mis deseos se han esfumado y hasta el deseo de pecar ha desaparecido. Esto es verdaderamente maravilloso; es un milagro. No mucho tiempo después, el anciano le escribió una carta al señor Trumbull y le contó que había una mala influencia entre la junta de directores de su trabajo. Antes él siempre había tratado de refrenarse; pero esta vez, al estar en medio de la situación, no fue afectado y ni siquiera sintió inclinación por tales pecados. ¡Qué milagro!

Hermanos y hermanas, ¿tienen ustedes barreras insuperables? ¿Tienen pecados que no pueden controlar? Si es así, el Señor Jesús puede hacer el mismo milagro en usted. Es posible que en algunas áreas usted se ha visto impotente durante años, pero el Señor puede realizar hoy un milagro en usted. No importa si sus pecados son espirituales, carnales, mentales, físicos o de su carácter; tampoco importa si usted puede obedecer a la voluntad de Dios o no, ni si se ha consagrado o no; tampoco importa si usted ha confesado sus pecados o no. El Señor puede hacer este milagro en usted. Si usted no se puede consagrar, el Señor puede hacer que se consagre. Si no puede perseverar, el Señor puede hacerlo perseverar. Dios puede vencer todos los pecados que mencionamos. Cuando El hace un milagro, todo llega a ser posible.

EL RESULTADO DE ESTA VIDA:
UNA VIDA DE EXPRESION, NO DE REPRESION

El resultado de una vida vencedora es una vida que se expresa no una vida que se reprime. El problema que hay con la "victoria" es que viene principalmente por medio de la represión. Hubo una anciana que siempre reprimía su impaciencia cuando se enojaba. Trataba de mantener una sonrisa exteriormente, mientras que interiormente luchaba por reprimirse. Esta clase de vida reprimida sólo hará que uno sangre internamente cuando se permite que esto continúe por años. Toda la amargura permanece encerrada en una vida reprimida. ¡Pero demos gloria al Señor! Nuestra victoria es una vida de expresión, no una vida de represión. Una vida de expresión manifiesta en el vivir lo que uno ya ha obtenido, esto es lo que quiere decir Filipenses 2:12: "Llevad a cabo vuestra salvación". Antes tratábamos de escondernos todo lo que pudiéramos, pero ahora la victoria de Cristo se puede expresar. Anteriormente, cuanto más reprimíamos, mejor creíamos estar; ahora, cuanto más expresamos, mucho mejor. Cristo vive en nosotros, y lo expresamos a El en nuestro vivir delante de los hombres.

La señora Jessie Penn-Lewis, tenía una joven amiga que era poetisa. Era muy buena para comunicarles a los niños el significado de la vida vencedora. Un día la señora Penn-Lewis la visitó y trató de aprender de ella la manera de enseñarles a los niños. Ese día su amiga invitó a docenas de niños a comer. Después de la comida, y antes de limpiar la mesa, llegó repentinamente alguien a visitarlos. La joven preguntó a los niños: "Esta mesa está muy sucia, ¿qué debemos hacer?". Los niños sugirieron cubrir la mesa sucia con un mantel limpio. Ella estuvo de acuerdo, y cubrió la mesa sucia con un mantel limpio, luego que la visita se fue, ella les preguntó a los niños: "Vio el visitante lo sucia que estaba la mesa?". Ellos contestaron: "No". Luego les preguntó otra vez: "A pesar de que él no vio nada sucio, ¿seguía la mesa sucia?". Ellos contestaron "Sí". Aunque el visitante no vio nada sucio, de todos modos la mesa continuaba sucia.

Hermanos y hermanas, a muchas personas no les importa estar sucios por dentro, pero por no les gusta estar sucios por fuera. Los ojos de los hombres no pueden ver los pensamientos ni las intenciones de nuestro corazón. Creemos que somos victoriosos. Es posible que otros nos alaben por nuestra humildad; hasta podemos pensar que en realidad lo somos. Es posible que tengamos la apariencia de ser muy pacientes, pero en realidad todo yace escondido en el interior. Debo decirles con toda franqueza que no hay victoria cuando reprimimos todo en nosotros. Sólo puede haber victoria cuando nosotros salimos y Cristo entra. La victoria es algo que se expresa.

Había una hermana que fácilmente perdía la paciencia. Un día su sirvienta quebró un florero. Inmediatamente fue a su cama y se cubrió con una cobija tratando de disipar su enojo. Esta es una vida de represión.

Puede ser que un vendedor ambulante toque a su puerta para venderle frutas. Usted posiblemente le diga que no quiere comprar nada y luego le pida que se vaya. Es posible que venga una segunda vez, y usted de nuevo le diga que no y le pida que se vaya. Es posible que venga a usted la tercera vez. El sigue viniendo porque quiere vender sus frutas. El puede inclusive controlarse y no perder la paciencia. Pero esto no significa vencer, no es victoria; es simplemente una táctica para vender. Reprimir el temperamento no equivale a tener la victoria. Cristo venció y así purificó el corazón del hombre; por lo tanto, la victoria implica pureza de corazón. Un hermano de más de cincuenta años había estado leyendo las enseñanzas de Confucio toda su vida. El había sido cristiano por más de tres años. Aunque había creído en la purificación efectuada por la sangre del Señor, no conocía la diferencia entre la vida cristiana y el confucianismo. Según Confucio, la única manera de autocultivarse es ejercer dominio propio; es tratar de lograr ser santo reprimiéndose y autocultivándose. Después de llegar a ser cristiano seguía tratando de reprimirse. Siempre trataba de no mirar sus problemas, hasta eliminarlos por completo. Pero después experimentó el camino de la victoria. El testificó que la victoria no tenía nada que ver con él. La vida cristiana es diferente a todas las religiones. La diferencia no radica meramente en la cruz sino en el hecho de que tenemos a un Cristo viviente en nosotros. Podemos predicar una doctrina de redención y también a un Cristo vivo. La persona que mencionamos era un verdadero discípulo de Confucio y nada de lo que había en su interior había salido a flote. Sin embargo, él ahora da testimonio que puede abandonar su yo; ya no necesita reprimirse y ya no tiene problemas.

Hermanos y hermanas, tengo que decir a esto: ¡aleluya! La victoria es un asunto de quitarse uno de en medio y de que haya una expresión. Una vida vencedora no esa otra cosa que Cristo mismo.

Estos cinco puntos caracterizan esta vida. Por último, permítanme hablarles con franqueza. Recuerden por favor que la victoria, así como la salvación, es específica. Uno la experimenta en una fecha específica. Usted fue salvo en cierta fecha (aunque, obviamente, hay algunos que han olvidado el mes y el día en que fueron salvos). Usted también debe escribir la fecha en que venció. Debe haber también una fecha específica. Todos deben tener una fecha específica en la que vencieron; ésta es una puerta específica por la que uno pasa. O usted ya pasó por ella o todavía no lo ha hecho. No hay lugar para un "tal vez" en este asunto. Nadie en este mundo es "tal vez" salvo; si uno es salvo, es salvo. De la misma forma, nadie en este mundo es "tal vez" victorioso; si uno ha vencido, ha vencido. Aquellos que "tal vez" han vencido, no han vencido en absoluto. Todos debemos pasar por esta puerta. No puedo decirles más por el momento. En el futuro veremos que la victoria no sólo es un asunto individual; hay algo más grande en ello. Por el momento, ésta es razón suficiente para vencer.

CAPITULO CUATRO

COMO EXPERIMENTAR LA VIDA QUE VENCE

(1)

Lectura bíblica: Gá. 2:20

YA NO VIVO YO, MAS CRISTO

Gálatas 2:20 es un versículo que conocemos bien. En esta ocasión hablaremos más de esto. En el último mensaje hablamos de lo que es la vida vencedora. Sabemos que la vida vencedora es Cristo y también que la vida vencedora consiste en que Cristo vive en nosotros. La pregunta es ¿cómo podemos entrar en la experiencia de esta vida? Cristo desea ser nuestra vida y puede hacernos victoriosos; pero, ¿cómo puede El ser nuestra vida? ¿Cómo puede Cristo expresar Su vida en nosotros? Hemos oído el evangelio y sabemos que Jesús es el Salvador; pero, ¿cómo lo podemos tomar como nuestro Salvador? Conocemos la salvación efectuada en la cruz; pero, ¿cómo podemos unirnos a esta salvación? La pregunta que estudiaremos en este mensaje es ¿cómo podemos unirnos a Cristo y qué debemos hacer para que El llegue a ser nuestra vida y viva en nosotros? Esta tarde estudiaremos Gálatas 2:20.

No vamos a examinar ni el comienzo ni el final de este versículo. Comenzaremos en medio del versículo. Allí encontramos una expresión maravillosa: "Y ya no vivo yo, mas vive Cristo en mí". Podemos decir: "Ya no vivo yo, mas Cristo". ¿Qué significa "ya no vivo yo, mas Cristo"? Estas seis palabras significan victoria. Se refieren a la vida vencedora de la que hemos estado hablando. La vida vencedora es sencillamente (1) "ya no vivo yo" y (2) "mas Cristo". Esta es la vida vencedora. En tanto que se cumplan "ya no viva yo" y "mas Cristo", hay victoria. Si a "ya no vivo yo" añadimos "mas Cristo" tenemos la victoria, y todos los problemas quedan resueltos. En el mensaje anterior vimos que el significado de la vida que vence es que ya no vivo yo, mas Cristo. Pero todavía quedan algunas preguntas. ¿Cómo puede un cristiano dejar de ser él para ser Cristo? ¿Cómo puede uno obtener esta vida? ¿Qué camino debe uno tomar antes de llegar a no ser uno sino Cristo? Esta es la razón por la que tenemos que estudiar Gálatas 2:20 detenidamente. Según Gálatas 2:20, "ya no vivo yo, mas Cristo" se halla en el medio. Antes de este pasaje, tenemos una oración gramatical y después tenemos otra. Tenemos que ver cuál fue el punto de partida de Pablo en el que comenzó a experimentar esto de "ya no vivo yo, mas Cristo". Si podemos descubrirlo, podremos tomar el mismo camino y también experimentaremos "ya no vivo yo, mas Cristo". Por lo tanto, tenemos que atravesar por lo que Pablo atravesó y seguir el mismo camino que él tomó. Su camino también debe ser el nuestro.

COMO NO SER YO, SINO CRISTO

Veamos ahora cómo puede uno experimentar "no vivo yo, mas Cristo". Necesitamos comenzar desde la primera oración de este versículo. "Con Cristo estoy juntamente crucificado, y ya no vivo yo, mas vive Cristo en mí". ¿Cómo pudo Pablo llegar al punto en el que podía decir "ya no vivo yo, mas Cristo?". Este es un pasaje muy conocido. "Con Cristo estoy juntamente crucificado, y ya no vivo yo". El "yo" queda excluido, pues está en la cruz. El "yo" ha muerto. Por tanto, puedo decir que ya no vivo yo. Sin embargo, ésta no es la primera vez que entre nosotros se predica esta verdad en cuanto a estar crucificado con Cristo. Hace mucho sabemos que estamos crucificados con Cristo. ¿Por qué la doctrina de nuestra crucifixión con Cristo no ha producido resultados? Hermano Lu, por ¿cuántos años has escuchado acerca de la doctrina de la crucifixión con Cristo? La has oído por más de diez años. ¿Produce esto algún resultado en tu vida? Por favor, sé franco con nosotros. ¿Cuánto ha obrado esto en ti? No mucho. Le haré la misma pregunta al hermano Chi. ¿Cuánto te ha guiado la doctrina de la cruz? ¿Cuán efectiva es en ti? ¿Tienes el poder que Pablo tenía? El hermano Chi dice que él sentía que había comenzado a experimentar más poder en los últimos días. Hemos conocido la doctrina de la crucifixión con Cristo por más de diez años, pero no ha producido un resultado en nosotros. Es posible que digamos que ha hecho algo, pero ha sido tan poco que podría decirse que es insignificante. Ni siquiera podemos decir como Pablo: "Con Cristo estoy juntamente crucificado", y tampoco podemos repetir las palabras "ya no vivo yo". Tal parece que la doctrina no ha tenido mucho efecto en nosotros. No estoy aquí repitiéndoles simplemente la doctrina de la cruz; ya sabemos mucho al respecto. Deseamos ver hasta qué grado la crucifixión con Cristo debe operar en nosotros y lo que debemos hacer antes de poder decir que estamos crucificados con Cristo.

Hermanos y hermanas, cuando el señor Jesús fue clavado en la cruz, nosotros no le matamos, ni nos matamos a nosotros mismos. Cristo mismo murió allí, y Dios nos incluyó en Su muerte. Todos conocemos bien esto. Sin embargo, quisiera hacerles una pregunta: Si bien es cierto que Dios nos crucificó, ¿qué debemos hacer y qué proceso debemos atravesar antes de poder decir en realidad que estamos crucificados con Cristo? Ya vimos lo que Dios hizo por nosotros, pero no vimos qué nos corresponde a nosotros. Aunque vimos que Dios nos crucificó, no sabemos cómo debemos considerar nuestra propia crucifixión. Quisiéramos ahora ver cuál es nuestra responsabilidad en nuestra crucifixión con Cristo.

ACEPTAR LA EVALUACION
QUE DIOS HACE DE NOSOTROS

¿Por qué crucificó Dios a Cristo? No es mi intención darles un sermón esta tarde, sino tener una charla con ustedes. Esto es algo que nos interesa a todos; no se trata de algo solamente para mí. Cada uno de nosotros debe examinar esto cuidadosamente. ¿Por qué quiso Dios crucificarnos con el Señor Jesús? Puedo explicar este punto con una historia. Una vez un ladrón fue declarado culpable ante un juez. Puesto que el crimen no era demasiado grave fue sentenciado sólo a diez años de cárcel. Otro ladrón también fue hallado culpable, y el juez lo sentenció a muerte. ¿Por qué uno fue sentenciado a muerte, y el otro sólo a diez años de cárcel? Porque todavía había esperanza para aquel que fue encarcelado. El juez todavía tenía esperanzas en él, y el país también tenía esperanzas en él. Aún existía la posibilidad de que este hombre llegara a ser un buen ciudadano. Después de diez años de encarcelamiento, saldría libre. Pero la nación no tenía esperanzas en el otro criminal, pues había cometido un crimen demasiado grave. El país no deseaba tener a tal persona, y la única manera de castigarlo era sentenciándolo a muerte. ¿Cómo nos ve Dios a nosotros hoy? El nos crucificó. ¿Por qué hizo esto? Es posible que lo que voy a decir no sea muy alentador, pero es la verdad: Dios no tiene ninguna esperanza en nosotros. El perdió todas las esperanzas en nosotros. Dios considera nuestro caso imposible y sin esperanza. La carne es completamente corrupta, y no existe otra solución que la muerte. Ni la obra del Señor Jesús, ni el poder de Dios, ni el Espíritu Santo pueden cambiar nuestra carne. Ni leer la Biblia ni orar pueden cambiar nuestra carne. Lo que es nacido de la carne, carne es. No hay esperanza y la carne nunca puede cambiar. Dios ha juzgado que la muerte es el merecido destino de la carne. Dios perdió toda esperanza en nosotros. Por tanto, nos incluyó en la crucifixión de Cristo. No tenemos esperanza; la única solución es la muerte. Por esto, lo primero que Dios requiere de un cristiano después de que éste es salvo, es el bautismo. El bautismo es la declaración de que Dios ha abandonado toda esperanza en la persona y la ha crucificado. También es nuestra declaración de que merecemos morir y de que le pedimos a otros que nos quiten de en medio y nos entierren. ¿Han visto ustedes que el bautismo es la declaración de Dios y nuestro reconocimiento de nuestra propia muerte? Equivale a decir "amén" a la evaluación que Dios hace de nosotros. Dios dice que merecemos morir y nosotros damos un paso adicional sepultándonos. Ya perdí toda esperanza en mí mismo. No hay absolutamente ninguna esperanza en mí. Sólo merezco morir y hoy estoy en pie sobre la base de la muerte.

Muchos cristianos han olvidado lo que hicieron en el momento del bautismo, y muchos han olvidado la evaluación que Dios hace de nosotros. ¿Cómo nos valora Dios? Según

Su evaluación, nosotros debemos morir. Lo único que merecemos es la muerte. No hay otro camino. Es inútil tratar de repararnos o remendarnos. No existe ninguna posibilidad de enmienda, y tampoco podemos cambiarnos a nosotros mismos. Somos completamente inútiles y no hay otra cosa que podamos hacer, excepto morir. Por consiguiente, Dios nos incluyó en la muerte del Señor Jesús. Dios muestra cómo nos evalúa al ponernos en la cruz. Recuerden que la cruz es la valoración que Dios hace de nosotros. Dios nos ha mostrado que sólo merecemos morir y que no tenemos esperanza alguna.

Pero, ¿aceptamos nosotros este hecho? Los seres humanos con frecuencia se contradicen a sí mismos y muchas veces tienen pensamientos incongruentes. Por una parte, decimos durante años que estamos crucificados con Cristo; pero por otra, seguimos abrigando esperanzas en nosotros mismos. Por un lado, pensamos que no podemos hacer nada; y por otro, esperamos un día ser capaces. Nos mantenemos tropezando y cayendo, y aún así, conservamos la esperanza de vencer.

Una vez vi la foto de una mujer que había mantenido el ataúd de su difunto esposo en frente de su puerta por treinta años. Ella no permitía que lo enterraran. Decía que su esposo sólo estaba dormido, y que ella esperaba que resucitara. Nosotros tenemos esta misma clase de esperanza con respecto a nosotros mismos. Por una parte, creemos que lo único que merecemos es la muerte y que estamos muertos en nuestras transgresiones. Pero por otra parte, pensamos que en tanto que haya aliento en nosotros, podemos servir para algo. Creemos que hemos fracasado porque no hemos sido lo suficientemente fuertes en nuestra resolución de vencer, y que lo lograremos, si lo intentamos con más ahínco la próxima vez. Pensamos que hemos fallado porque no hemos estado velando y que podríamos permanecer firmes ante la tentación si en la siguiente ocasión velamos más vehementemente. Nos parece que hemos fracasado porque no hemos resistido la tentación y que venceremos si la resistimos la próxima vez. Nos imaginamos que hemos fallado esta vez porque no hemos orado lo suficiente, y que si la próxima vez lo hacemos, venceremos. ¿Podemos ver lo que estamos haciendo? Dios nos ha crucificado y nos ha declarado muertos. Pero todavía no hemos visto que estamos muertos; no hemos reconocido este hecho. Aún pensamos que la llama que ha sido apagada, se podrá encender nuevamente, si la soplamos lo suficiente. Es por esto que todavía seguimos soplando continuamente.

¿Qué significa estar crucificado con Cristo? A fin de experimentar esta verdad, hay una condición necesaria que nosotros debemos cumplir. Debemos decirle a Dios: "Tú has perdido toda esperanza en mí, y también yo la he perdido. Tú me das por perdido y yo también me considero perdido. Tú crees que merezco morir y yo también lo creo. Tú me consideras incapaz y yo también me considero incapaz. Me estimas inútil para hacer cualquier cosa y yo también me considero así". Tenemos que permanecer sobre esta base constantemente. Este es el significado de ser crucificado juntamente con Cristo. Lo que Dios hizo no se puede cambiar, pues constituye hechos cumplidos. Sin embargo, por nuestra parte, tenemos una responsabilidad que debemos cumplir: aceptar la evaluación que Dios hace de nosotros. Dios ha perdido las esperanzas con respecto a nosotros; así que también nosotros tenemos que perder las esperanzas en nosotros mismos. Cuando perdemos la esperanza en nosotros, podremos experimentar "ya no vivo yo".

El problema que predomina hoy es que la mayoría de los cristianos no han querido abrir los ojos. No han visto que Dios perdió toda esperanza en ellos y dejó de exigirles cosas. El sabe que somos absolutamente inútiles. No tengo temor de ofender al hermano Lu aquí. Puedo declarar esto ante todos ustedes, dicho muy cortésmente: "El hermano Lu es una persona absolutamente inútil". Pero expresándome en términos más crudos, diría: "Hermano Lu, tú eres totalmente corrupto y eres completamente maligno". Pero gracias al Señor, puedo decir esto no sólo acerca del hermano Lu, sino también con respecto a mí mismo. Todos somos corruptos hasta lo más profundo de nuestro ser. Somos absolutamente inútiles. No servimos para otra cosa que la muerte. El único camino que nos queda es morir. Nunca podemos cambiar y estamos desahuciados. Somos completamente malignos y sólo merecemos morir. Esta es la valoración que Dios hace de nosotros, y no debemos tener ninguna otra clase de valoración delante de Dios. Tenemos muchos conceptos acerca de nosotros mismos. Estamos llenos de esperanza en nosotros mismos. Por lo tanto, tenemos que ver en este mensaje cómo podemos echar mano de la realidad de que fuimos crucificados juntamente con Cristo. Dios ha abandonado toda esperanza en nosotros. Entonces, ¿qué debemos hacer? Debemos decirle a Dios que también nosotros hemos abandonado la esperanza en nosotros y tenemos que dar un paso más. Por el momento pongamos a un lado Gálatas 2 y examinemos Lucas 18:18-27.

EL PRINCIPIO DE "TE FALTA UNA COSA"

Personalmente valoro mucho este pasaje de la Palabra. Nos revela la primera condición necesaria para obtener la victoria. Síganme con paciencia en el estudio de esta porción, y veamos lo que realmente dice. Un hombre principal vino al Señor Jesús y le preguntó acerca de la vida eterna, la vida de Dios. La vida eterna incluye tanto la salvación como la victoria. Por consiguiente, en los siguientes versículos, se habla tanto de la salvación como de la entrada en el reino de Dios. Vemos que la esfera abarca tanto la salvación como la victoria.

Este hombre importante vino al Señor Jesús, y le preguntó qué debía hacer para heredar la vida eterna. El Señor le hizo una lista de cinco condiciones muy rigurosas: "No adulteres; no mates; no hurtes; no digas falso testimonio; honra a tu padre y a tu madre". Ningún joven, por importante que fuera, podría guardar estos mandamientos. Era imposible que un joven gobernante no cometiera adulterio ni matara ni hurtara ni dijera falso testimonio y honrara a su padre y a su madre. Ningún joven gobernante podía cumplir estas cinco condiciones. Sin embargo, sorprendentemente este joven respondió a Jesús: "Todo esto lo he guardado desde mi juventud". El no había quebrantado ninguno de estos mandamientos ni una sola vez. Era como si dijese: "Maestro, ¿hay alguna otra condición? Porque si no, entonces yo debo heredar la vida eterna. Yo soy apto para obtener vida eterna". Pero el Señor le dijo que todavía le faltaba algo. "Aún te falta una cosa: vende todo lo que tienes, y repártelo a los pobres, y tendrás tesoro en los cielos; y ven, sígueme". ¿Puede usted ver que todavía le falta una cosa? ¿Qué significa faltarle una cosa? El Señor Jesús le dijo que todavía le faltaba una cosa, y que no era apto si no la tenía. ¿Significa esto que quien viene al Señor tiene que vender todo lo que posee o que quien cree en el Señor Jesús tiene que abandonarlo todo? No. Debemos reconocer que muchos ricos pueden recibir vida eterna. Pero ¿por qué no vemos que muchos de ellos sean salvos? ¿Por qué son tan pocos los ricos que se salvan? Algunos han dicho: "No puedo vender todo lo que tengo". El versículo 26 indica que algunos que escucharon estas palabras murmuraron: "¿Quién, pues, podrá ser salvo?". Sin embargo, en el versículo 27 el Señor Jesús dijo: "Lo que es imposible para los hombres, es posible para Dios". El Señor le estaba demostrando al joven gobernante, que la salvación es inalcanzable para el hombre, pero el joven no quiso aceptar este hecho. El pensaba que podía abstenerse de cometer adulterio, de matar, de hurtar, de decir falso testimonio y que podía honrar a su padre y a su madre. El propósito de lo que le dijo el Señor, era demostrarle que la salvación y la victoria son imposibles para el hombre. Sin embargo, este joven pensaba que era posible obtenerlas. Por lo tanto, el Señor le puso una condición más. Con esto le estaba diciendo: "Puesto que tú dices que puedes guardar estas cinco condiciones, te pondré una condición más. Puedo seguir añadiendo un requisito tras otro, para ver si puedes guardarlos todos". Cuando el joven comprendió que no podía cumplir las condiciones que el Señor le ponía, se entristeció mucho y se marchó.

Si usted trata de ser salvo, o si usted trata de vencer, Dios con frecuencia le pondrá "una cosa" delante de usted. Frecuentemente creemos que hemos hecho un buen trabajo. Nos enojábamos con facilidad, pero ahora podemos controlarnos. Eramos orgullosos, pero ahora podemos humillarnos. Teníamos celos de otros, pero ahora no somos tan envidiosos. Eramos muy locuaces, pero ahora no hablamos tanto. Creemos que no estamos tan lejos de la victoria y que hemos vencido bastante. Pero aunque no seamos impacientes, orgullosos, celosos ni habladores, seguimos teniendo una cosa, un defecto. Parece que todo lo demás ha sido solucionado, pero que todavía nos hace falta una cosa. Puede ser algo muy insignificante. Puede ser un gusto exagerado por la comida, o tal vez no podamos levantarnos en la mañana antes de las ocho o las nueve. Parece extraño que podamos vencer muchos pecados y que a la vez seamos incapaces de vencer este pecado. Somos inútiles en este asunto. Gastamos todo nuestro esfuerzo en vencerlo. Es posible que les pidamos a otros que nos despierten o tal vez usemos un despertador, y ni siquiera así logramos despertarnos. No podemos explicarlo. Podemos vencer muchas otras cosas, pero no conseguimos vencer este asunto. Este es el principio establecido en Lucas 18, el principio de que todavía nos falta una cosa. Dios nos comprueba que no somos capaces. Tarde o temprano tendremos que reconocer que no somos capaces. Quizá el Señor nos permita llegar a ser capaces en algo, pero nos mostrará que todavía nos falta una cosa. El debe mostrarnos que hay por lo menos una cosa que no podemos hacer. Para poder darnos la victoria, El debe mostrarnos primero que nosotros no podemos obtenerla. La victoria es un don de parte de Cristo; no podemos vencer en nosotros mismos. Por consiguiente, Dios dejará una o dos cosas que no podamos vencer. Así nos demostrará que "todavía nos falta una cosa".

EL PRIMER PASO HACIA LA VICTORIA ES LA COMPRENSION DE QUE NO SOMOS CAPACES

Es posible que el joven gobernante pudiera cumplir cinco o cincuenta o inclusive quinientas condiciones, pero Dios le puso algo delante de él para mostrarle que no era capaz. Amigos, el primer paso hacia la victoria es comprender que no somos capaces. Una vez que comprendamos que somos impotentes, hemos dado el primer paso. Todos los aquí presentes tienen algo que no pueden vencer. Es extraño que siempre fracasemos en esto. Para algunos es su mal genio, sus pensamientos impuros, su locuacidad, su incapacidad para levantarse temprano, sus exigencias dogmáticas, su envidia o su orgullo. No entendemos por qué, pero siempre hay algo que uno no puede vencer. Todos los que deseen vencer, tienen que descubrir delante de Dios aquello que les falta. A cada uno le falta "una cosa" en particular. Por lo menos carece de "una cosa". A veces hay más. Cuando estemos delante de Dios, El nos demostrará que no somos capaces.

Una hermana tenía un gran deseo de vencer. Ella trató muchas cosas delante de Dios. Todos los días escribía cartas a otros disculpándose por sus malos hechos y cada día ella subía a una montaña a orar. Cada vez que ella bajaba de la montaña, yo le preguntaba si había vencido su obstáculo. Ella me decía que había cavado otra tumba en la montaña y que había enterrado allí una cosa más. Cuando le preguntaba al día siguiente, ella me decía que había encontrado más pecados y que los había enterrado y había tratado de vencer. Durante más de veinte días ella luchó con sus pecados. Al final le pregunté: "¿Ya casi acabas?". a lo cual respondió: "Después de tantas luchas, creo que ya casi he vencido". Luego le dije en privado a una hermana colaboradora: "Solamente espera y ya verás". Un día fui a la casa de aquella hermana y la vi muy triste. No le pregunté cuál era la razón. Siempre es bueno estar triste y no siempre es sabio impedir que una persona se entristezca. Así que no le dije nada. Esto continuó por seis días. Ella parecía estar triste todos los días.

Después de seis días un hermano nos invitó a todos a una cena. La hermana también estaba invitada. Ella asistió, pero no comió casi nada. Estaba sentada frente a mí y sonreía, pero en realidad se sentía muy triste en su corazón. Había más de veinte hermanos y solamente tres hermanas ese día. Yo había escrito una nueva canción y después de la comida le pedí que la tocara en el piano. Después de tocar dos estrofas, comenzaron a rodar lágrimas por sus mejillas. Yo la dejé llorar y no le dije nada. Después de un rato le pregunté: "¿Qué sucede?". Ella dijo: "¡No tiene caso! No puedo vencer algo, no importa cuánto lo intente". Ella era una hermana tímida pero lloró allí delante de veinte o más hermanos. Ella no podía contenerse y continuó llorando. Le pregunté qué era lo que no podía vencer. Ella dijo que había estado luchando con un asunto por una semana, pero que no había podido vencerlo. Dijo: "Hermano Nee, durante las últimas semanas he estado luchando con mis pecados cada día. He puesto fin a todos mis pecados". Yo podía testificar que ella verdaderamente había estado luchando con sus pecados. Ella continuó: "Pero a pesar de todo lo que hice la semana pasada, no he podido vencer este pecado". Pensé que debía tratarse de un pecado muy grande. Yo le pregunté qué no había podido vencer. Ella respondió: "Se trata de un asunto muy pequeño. Pero no puedo quitármelo. He tenido este hábito desde mi juventud. Me gusta comer entre comidas. Después del desayuno me gusta comer un poquito aquí y allá. Antes de la hora del almuerzo me da un deseo terrible de comer alguna merienda. Después del almuerzo quiero comer algo, y antes de ir a acostarme en la noche busco más meriendas. Durante los últimos días me he dado cuenta de que tengo que ponerle fin a este asunto. No debo estar comiendo constantemente. Así que comencé a tratar de resolver esto; sin embargo, lo intenté por seis días y fracasé. Soy peor que mis tres hijos. Tan pronto veo algún bocadillo, me lo llevo a la boca. No puedo contenerme". Ella lloraba mientras hablaba. Pero cuando yo escuché esto me puse muy contento. Me reí. Estaba muy contento. Mientras ella lloraba, algunos hermanos se retiraron y algunas hermanas trataron de evitar la escena. Ella lloraba amargamente, pero yo me reía de buena gana, mientras ella lloraba, yo estaba riéndome. Ella me preguntó por qué estaba tan contento. Yo le dije: "Estoy contento, y mi corazón salta de alegría. Hermana, ¿está segura de que no es capaz? ¿Se ha dado cuenta de su impotencia en sólo veinte días o más? Le doy gracias a Dios porque usted finalmente ha descubierto que no puede hacer nada. Permítame decirle: cuando usted es impotente, El llega a ser capaz. He aquí el principio de la victoria". Una hora más tarde ella rompió la barrera y entró plenamente en la experiencia de la victoria.

La manera de vencer es ver que siempre falta una cosa. Usted puede pensar que tiene razón en esto o aquello. Es posible que usted piense que puede hacer algo, pero Dios tiene que demostrarle que no puede hacer nada. Hermanos y hermanas, todos los que deseen vencer, deben descubrir primero aquello que no pueden hacer. Uno sólo puede descubrir su incapacidad por medio de este asunto particular. ¿Tiene usted algún pecado particular? ¿Hay en su vida un pecado que no puede vencer? Aquellos que son demasiado amplios nunca pueden cruzar la puerta de la victoria. Usted debe conocer las áreas específicas en las que es débil. Esto le demostrará que usted necesita vencer algo. Para algunos es el orgullo. Para otros es la envidia. Para otros puede ser su sensibilidad, pues el cambio más leve los afecta. Para algunos, son sus pensamientos impuros. Para otros, es su exagerada locuacidad. Para otros es su meticulosidad excesiva. A algunos les gusta hablar de otros y esparcir rumores. Otros no pueden controlar sus apetitos físicos. Siempre hay algo que uno no puede vencer. Después de oír esto, espero que usted se detenga y escriba en su Biblia las siguientes palabras: "Aún te falta una cosa". Usted tiene que descubrir cuál es.

Al joven de Lucas 18 le faltaba vender todo lo que tenía. Temo que algunos entre nosotros también son incapaces de soltar su dinero. Para algunas personas tal vez el problema no sea el dinero, pero todavía les hace falta una cosa. Si su problema no es apego al dinero, ¿cuál es? Escriba el pecado que le es imposible vencer. Si usted sabe donde está su debilidad, podrá ser específico delante de Dios en cuanto a vencer tal pecado. Cada persona tiene que percatarse dónde está su problema específico. Toda persona tiene su debilidad específica y debe pedirle a Dios que lo ilumine y le muestre su debilidad. Cada persona tiene, por lo menos, una cosa que no puede vencer. Para algunas personas puede ser más de una cosa. Usted tiene que descubrir aquello que no puede vencer. Una vez que usted vea que no puede, podrá ver que Dios sí puede. Si usted no ve su propia debilidad, usted no verá el poder de Cristo.

Hermanos y hermanas, ¿por qué Dios dejó una o dos cosas no resueltas en nuestra vida? Para mostrarnos que no somos capaces de hacer nada por nosotros mismos. Este es un principio general de las Escrituras, y es un principio muy importante. Al declarar que el Señor Jesús fue crucificado por nosotros, es muy fácil olvidar que al mismo tiempo opera este principio. Dios sabe que usted es incapaz y que yo soy incapaz. El sabe que nada bueno procede de la carne. El lo sabe desde hace mucho tiempo, pero parece que nosotros no lo sabemos. Nosotros no comprendemos que nada bueno puede provenir de la carne. Como resultado, seguimos esperando y procurando hacer lo posible por agradar a Dios.

Dios sabe que nuestra carne es inútil. Pero nosotros lo ignoramos. Es por eso que Él nos dio la ley. El propósito de la ley es demostrarle al hombre que es pecaminoso e impotente. La ley no fue dada para que la guardáramos; Dios sabe que no podemos guardar la ley. La ley fue dada para que la quebrantásemos. No fue dada para que el hombre la guardara, sino para que la quebrantara. Dios sabe que vamos a quebrantar la ley, pero nosotros no lo sabemos. Por tanto, nos dio la ley y permitió que la quebrantásemos. Es así como llegamos a saber lo que Dios ya sabe, y es así como llegamos a estar conscientes de nuestra impotencia. Como cristianos declaramos que estamos por encima de la ley. Pensamos que los diez mandamientos son la ley, pero olvidamos que todos los mandamientos del Nuevo Testamento también son la ley. Por medio de estos mandamientos Dios nos demuestra que no podemos cumplirlos. Dios tiene que llevarnos al punto en que confesemos que no podemos lograrlo. Sólo entonces podremos reconocer la sabiduría que Dios ejerció al crucificarnos, y sólo entonces comprenderemos que somos inútiles y que la única manera de solucionar nuestro problema es la muerte. De no ser así, creeríamos que es un error que Dios nos crucifique porque todavía pensamos que podemos hacer algo.

Es por esto que Romanos 7 es tan valioso. La persona descrita en Romanos 7 estaba en una constante lucha. ¿Por qué luchaba? Porque todavía estaba llena de esperanza en sí misma, aunque Dios ya había perdido esperanza en ella. Este hombre trataba de agradar a Dios y de guardar la ley. Pero el resultado fue un fracaso total. Al final tuvo que reconocer cuán sabio fue Dios al crucificarlo. Era correcto que Dios lo crucificara. Dios dijo que tal hombre debía morir y el hombre reconoció que debía morir.

Muchos cristianos no vencen porque no han fracasado lo suficiente. Todavía no han cometido suficientes pecados; por eso no han vencido. Si cometieran más pecados, les sería más fácil vencer. Si vieran la corrupción de la carne, les sería más fácil vencer. La persona de Romanos 7 estaba tan desesperada que finalmente clamó y dijo: "¿Quién me librará del cuerpo de esta muerte?". Se dio cuenta de que él no lo lograría, así que preguntó si alguien lo podría librar del cuerpo de muerte. Al descubrir que era un asunto de "alguien", ya iba en camino de la victoria. Una vez que vio que había "alguien", ese alguien podía acudir a rescatarlo inmediatamente. Por tanto, hermanos y hermanas, lo primero que tenemos que ver es que según el punto de vista de Dios somos absolutamente inútiles delante de El. Dios ve que somos absolutamente inútiles. De la misma forma, debemos vernos a nosotros mismos como absolutamente inútiles. Si no hemos llegado a ver nuestra absoluta incapacidad, nunca aceptaremos la evaluación que hace la cruz y nunca podremos llegar a decir que estamos crucificados juntamente con Cristo ni que ya no soy yo quien vive. Si todavía tenemos esperanza en nosotros, quiere decir que creemos que aún somos útiles y no diremos: "Ya no vivo yo".

SOMOS INCAPACES DE VENCER Y NO PROCURAMOS HACERLO

Creo que necesitamos examinar un asunto más. Muchos hermanos y hermanas ya saben que no son capaces de hacer nada. Quizás usted sabe que no puede hacer nada. Pero debo preguntarles otra vez: ¿Es usted capaz o no? Hermanos, ¿han muerto a toda esperanza en ustedes mismos? ¿Todavía creen que pueden vencer? Antes vimos hechos objetivos, ahora estamos viendo algo subjetivo por primera vez. No hay duda de que Cristo vencerá en su lugar, pero hay una condición para que El pueda hacerlo: usted debe reconocer que es impotente. ¿Es usted capaz o no? Dios ha permitido que fracase muchas veces, pero sigue vivo su corazón. ¿Es usted capaz o no? Todo depende de esta pregunta crucial. Su futuro avance depende de esto. Si usted continúa diciendo en su corazón que puede y que usted es capaz de lograr algo por sus propios esfuerzos, Cristo no puede vivir por usted. Cristo sólo puede vivir por los que son absolutamente incapaces. La victoria está a la espera de aquellos que han fracasado completamente. Solamente aquellos que han fracasado por completo pueden vencer. Si alguien no ha fracasado totalmente, Dios no podrá vencer por él. Esta es la primera condición. La primera condición es confesar que somos incapaces.

Una cosa es decir que no podemos lograrlo, y otra cosa es

cesar de intentarlo. ¿Han visto que existen estas dos cosas? No podemos lograrlo y no debemos tratar de hacerlo. Muchas veces sabemos que no podemos lograrlo, y aún así, continuamos tratando de hacerlo. La primera condición para obtener victoria es comprender que no podemos lograrlo; y la segunda es desistir de intentarlo. Si admitimos que no podemos lograrlo y cesamos de intentar, venceremos. El problema es que aunque sabemos que no podemos lograrlo, nos esforzamos al máximo por lograrlo. Queremos valernos de nuestras fuerzas. Pensamos que si oramos más, podremos lograrlo o que si tomamos determinaciones más firmes, podremos permanecer en pie. Aunque no podamos lograrlo, seguimos intentándolo.

Supongamos que tenemos en frente un objeto que pesa 300 catis [una unidad china de peso], y supongamos también que usted sabe que sólo puede levantar 200 catis. No hay posibilidad de que usted pueda levantar 300 catis. Sin embargo, muchas personas tratan de levantar un peso que saben muy bien que no pueden levantar. Dicen: "Sé que no puedo hacerlo, pero ¿por qué no intentarlo?". No pueden hacerlo y aun así hacen el intento. Una cosa es que una persona sea incapaz de hacer algo, y otra que desista de intentarlo. Puesto que sabemos que no podemos lograrlo, no tenemos que tratar de hacerlo. "Señor, no puedo vencer y no tengo la intención de tratar. No lo intentaré más". Sus manos deben soltar el asunto completamente. Soltar las cosas no es algo insignificante. Ya que usted sabe que no puede hacerlo, debe permanecer en esa posición y dejar de intentarlo. Recientemente he conocido muchos hermanos que repetidas veces cometen pecados. Confiesan que no han podido vencer. Pero al preguntarles si todavía están tratando de vencer, ellos se rinden y dicen: "¿Qué otra cosa podemos hacer? Nos damos por vencidos". Dios lo ha puesto en la cruz y ha abandonado esperanza con respecto a usted. Pero es necesario que también usted reconozca que no puede hacerlo; también debe reconocer esto.

Desafortunadamente todavía tratamos de lograr cosas por nosotros mismos. ¿Qué significa tratar de lograrlo? Permítanme tomar la ira como ejemplo. Suponga que usted es una persona que se enoja fácilmente y que no puede controlar su ira. Cuanto más lo intenta, más fracasa. Al final reconoce que no puede hacer nada en cuanto a su mal genio. ¿Qué debe hacer? Usted sabe con certeza que no tiene manera de controlar su mal carácter, y sin embargo, trata de hacerlo. ¿Qué hará después? Tratará de ser más cuidadoso al hablar. Luego hará lo posible por evitar a las personas con las que no se lleva bien y sólo hablará con aquellas con quienes tiene una buena relación. Usted evitará relacionarse con los que lo provocan y huirá de ellos. Cada vez que esté a punto de perder la paciencia, hará lo posible por controlarse. Tratará de controlarse con más oraciones. ¿Qué es esto? Esto es ser incapaz y al mismo tiempo tratar de hacer cosas. Por un lado no puede lograrlo, pero por otro, sigue tratando de realizarlo. Aunque no pueda hacer nada, se seguirá esforzando por hacer algo. Esta clase de persona nunca vencerá. Nunca podrá llegar a decir: "Con Cristo estoy juntamente crucificado".

Hermanos y hermanas, recuerden que la condición para obtener la victoria es reconocer que somos incapaces y que la barrera más grande es intentar. La victoria procede de Cristo, y es el Cristo que vive en nuestro lugar. La vida vencedora requiere que tomemos una posición firme y declaremos: "No puedo hacer nada y no seguiré intentándolo. Señor, hazlo Tú por mí. No trataré ya de labrar mi propia victoria". Si hacemos esto, venceremos. Dios no puede hacer nada por aquellos que constantemente tratan de hacer algo. El no puede hacer nada por ellos. Si tratamos de hacer algo y si nos decidimos a hacerlo, Dios se detendrá en el momento en que nosotros intervengamos. Cristo vive en nosotros a fin de expresarse por medio de nosotros. El problema es que nosotros tratamos de preservar la integridad de nuestro propio trabajo. Debemos rechazar por completo nuestro propio trabajo antes de que Cristo pueda expresar Su vida por medio de nosotros. Si tratamos de ayudarlo sólo un poco y comenzamos a introducir obras humanas, Su gracia se irá. Si Cristo no vence en nuestro lugar, cualquier victoria que tengamos, será algo nuestro. El poder de Cristo no tiene como fin suplir lo que nos falta. La vida de Cristo no tiene como fin llenar los vacíos que tengamos en nuestras vidas. El quiere vivir en nuestro lugar. Si deseamos que Cristo viva en nuestro lugar, no debemos vivir nosotros.

Primeramente debemos saber que no podemos lograr nada, y Dios tendrá libertad para actuar. No trate de prolongar la batalla. En el momento en que tratemos de luchar, perdemos. No obstante, tenemos esperanzas de lograrlo y creemos que sería maravilloso si lo hiciéramos. Pero mientras estamos en esta lucha, Cristo no expresa Su vida en nosotros. En todo empeño humano, siempre existe la posibilidad de superposición. Tengo un sirviente en mi casa. Si él renunciara, tendría que contratar a otro, pero le pediría al primero que se quedase otras dos semanas a fin de enseñarle al siervo nuevo todos los oficios. El hombre siempre tiene la necesidad de retener una cosa hasta que otra lo reemplace. Antes de que el primer sirviente se vaya, el nuevo sirviente tiene que venir dos semanas antes de su partida. Pero con Cristo esto nunca sucederá. Si nosotros no decidimos irnos, El nunca tomará ninguna iniciativa. Cuando nos detengamos nosotros, El comenzará. Pensamos que El obrará mientras nosotros todavía estemos laborando; pero esto nunca sucederá. Cuando cesemos nuestras obras por completo, Cristo comenzará la Suya. Mientras aún sigamos haciendo algo, Cristo no se moverá ni un centímetro. En el mensaje anterior vimos lo que significa: "Ya no vivo yo, mas Cristo". Pero ¿cuando experimentaremos "mas Cristo"? Esto sólo sucederá cuando se cumpla "ya no vivo yo". Esperamos hasta ver que Cristo y nosotros estemos allí al mismo tiempo; esto jamás sucederá. No podemos lograr nada, y tampoco debemos tratar de hacerlo. Nuestras manos deben soltarlo todo sin reservas. Todo debe quedar en las manos del Señor; tenemos que entregarle todo a El. No podemos lograr nada y tampoco debemos intentarlo. Si hacemos esto, venceremos.

Pero esto no es suficiente. Muchas personas se dan cuenta de que no pueden hacer nada y lloran y se lamentan. Por supuesto, es bueno llorar. Muchas veces nuestros pecados sólo pueden ser lavados con nuestras lágrimas. Con frecuencia hemos derramado muchas lágrimas delante del Señor. Pero también debemos darnos cuenta de que muchos cristianos siguen el ejemplo del joven rico, que se marchan tristes al ver que no pueden vencer, sólo ven sus problemas y que les falta una cosa. Puesto que ellos no pueden hacer nada, piensan que

Dios tampoco puede. Por lo tanto, piensan que no tienen esperanza al no poder repartir todos sus bienes a los pobres. Pero esto no es así. No, todavía hay esperanza.

Siempre me ha parecido muy significativo que después de Lucas 18 esté Lucas 19. ¿Sabe de qué habla el capítulo diecinueve? Es la historia de Zaqueo. ¿Quién era este hombre? Era un hombre de edad avanzada; mientras que el hombre del capítulo dieciocho era joven. Tanto el joven como Zaqueo eran ricos. En términos humanos, se espera que el joven sea más generoso, y el anciano más egoísta. Pero es asombroso ver que cuando Zaqueo descendió del árbol, sin que Señor le pidiera que repartiera su dinero, él de su propia iniciativa decidió devolver cuadruplicado lo que había tomado por fraude y repartir la mitad de sus bienes a los pobres. Inmediatamente estuvo dispuesto a entregar todo su dinero. El Señor Jesús le pidió al joven rico que diera su dinero y éste no pudo hacerlo. Pero este hombre anciano, a quien el Señor no le pidió que diera su dinero, lo dio voluntariamente. ¿Por qué se ve esta diferencia? Porque las cosas que son imposibles para el hombre, son posibles para Dios. En el caso del joven rico vemos lo que es imposible para el hombre, mientras que en el de Zaqueo vemos lo que es posible para Dios. ¿Qué es posible para Dios? El Señor Jesús dijo que Zaqueo también era hijo de Abraham y que la salvación había llegado a su casa. Esto significa que Dios lo había salvado. El joven rico sabía que era imposible para él; pero no pidió a Dios la salvación. Para el hombre es imposible, mas para Dios es posible.

¿Qué hace un cristiano cuando ve su impaciencia, sus pensamientos impuros o su pecado carnal o espiritual? Anhela el día en que será librado de estos problemas. Algunas hermanas me han comentado: "Hermano Nee, sería maravilloso si mi genio pudiera mejorar aunque fuese un poquito". Siempre les digo: "Denle gracias al Señor por su mal genio. Es maravilloso que ustedes vean que no pueden vencerlo. Regocíjense en el hecho de no poder hacer nada".

NOS GLORIAMOS EN NUESTRAS DEBILIDADES

En 2 Corintios 12:9 dice: "Y me ha dicho: Bástate Mi gracia; porque Mi poder se perfecciona en la debilidad. Por tanto, de buena gana me gloriaré más bien en mis debilidades, para que el poder de Cristo extienda tabernáculo sobre mí". ¿Pueden ver esto? La debilidad no es algo por lo que debamos lamentarnos o llorar. La debilidad es algo en qué gloriarnos. Usted tal vez haya dicho: "Agradezco al Señor y lo alabo por haberme hecho vencer". ¿Pero alguna vez ha llegado a decir: "Le agradezco al Señor y lo alabo por haber permitido que fracasara miserablemente"? Usted alaba al Señor y le da gracias por darle paciencia; pero ¿alguna vez le ha dado gracias y lo ha alabado por su genio incontrolable? ¿Le ha llegado a dar gracias y lo ha alabado por su orgullo? ¿Ha llegado a darle gracias y a alabarlo por su envidia? ¿Le ha dado gracias y lo ha alabado por su impureza interior y por su pecado? Si usted tiene estos problemas, debe darle gracias al Señor y alabarlo por ellos. Lo primero que usted debe hacer es darse cuenta de que no puede superarlos. En segundo lugar, debe renunciar a tratar de lograrlo. Y en tercer lugar, debe alabar al Señor y darle gracias por esa incapacidad. ¡Aleluya! No puedo hacer nada. ¡Aleluya, no puedo hacer nada!

¿Por qué dijo Pablo: "De buena gana, me gloriaré más bien en mis debilidades"? Pablo dijo que consideraba su debilidad motivo de gloriarse. Porque su debilidad le daba a Cristo la oportunidad de manifestar Su poder y de que dicho poder extendiera tabernáculo sobre él. El poder de Cristo no puede extender tabernáculo sobre los que no tienen debilidades. Sólo aquellos que tienen debilidades pueden llegar a experimentar el poder de Cristo que extiende tabernáculo. Me gloriaré más bien en mis debilidades, porque mis debilidades le dan al Señor la oportunidad de obrar en mí y de manifestar Su poder y actuar en mí.

Hermanos y hermanas, ¿tienen algún pecado que ni siquiera pueden confesar? ¿Hay algo que no puedan consagrar a Dios? ¿Existe algún obstáculo que no puedan quitar? ¿Carecen de alguna cualidad delante del Señor? ¿Qué van a hacer ustedes? ¿Van a entristecerse? Si es así, entonces están en la situación del joven rico. El se entristeció y ustedes también. Finalmente seguirán el mismo camino que él. El se marchó triste, y ustedes también lo harán. Pero no hay por qué entristecerse. El error del joven rico no fue darse cuenta de lo que le era imposible, sino no ver lo que es posible para Dios. El error del joven rico no radicaba en su propia impotencia, sino en no aplicar la capacidad de Dios. No es pecado descubrir nuestras propias debilidades, pero sí es pecado no creer en el poder de Dios. No es pecado ser incapaces de dar el dinero, pero sí lo es no creer que Dios puede hacer apta a una persona para hacerlo. No es pecado tener mal genio, pero sí lo es no creer que Dios puede llegar a ser nuestra paciencia. No es pecado tener un pecado insuperable, pero sí lo es no creer que Dios pueda vencer tal pecado por uno.

Es un hecho glorioso que un hombre comprenda que es inútil. El propósito del Señor era mostrarle al joven rico su incapacidad. Pero cuando el joven regresó a casa, no estaba contento sino triste. Una vez que el Señor muestra que uno no puede hacer nada, inmediatamente revela que Dios puede hacer algo. El Señor no le muestra a uno su incapacidad con fin de desanimarlo, sino de que crea que El tiene una excelente oportunidad para trabajar en uno. Usted debe decirle: "Señor, no puedo hacer nada y tampoco quiero intentarlo. Te agradezco y te alabo porque no puedo hacer nada". Una vez que uno comprenda que no puede hacer nada y que es totalmente incapaz, y cuando pueda ver que solamente el Señor puede hacer algo, le dará gracias a El y lo alabará. Entonces entenderá que es muy natural dar gracias al Señor y alabarlo. Es posible que anteriormente se haya lamentado por sus debilidades o haya derramado lágrimas por sus pecados. Pero hoy usted puede gloriarse y dar alabanzas. Usted puede decir: "Señor, te agradezco porque no puedo hacer nada. Te agradezco porque no tengo posibilidad de vencer. Soy incapaz. Me regocijo porque estoy incapacitado. Me regocijo porque no puedo hacer nada. Solamente Tú puedes hacerlo todo". Si usted hace esto, vencerá.

EL SEÑOR JESUS SOLO ACEPTA CASOS PERDIDOS

Una vez conocí a un hermano en Chefoo, que estaba experimentando la victoria. Este hermano había venido de Manchuria y había sido médico en el ejército más de diez años. Algunos hermanos lo habían conducido al Señor mientras estaba en Manchuria. Después de creer en el Señor, se mudó a Chefoo donde ejerció la medicina durante más de un año. Cuando estuve en Chefoo en una conferencia de una semana, él también estuvo. Durante aquella conferencia, hablé sobre el asunto de vencer. Un día se acercó a mí en forma desesperada y me preguntó si era posible tener una charla conmigo a la mañana siguiente. Le dije que era mejor si venía a verme esa noche porque estaría muy ocupado el día siguiente. El me dijo que era algo urgente y que no había suficiente tiempo esa noche. El necesitaba mucho más tiempo para hablar de su problema. Así que de todos modos hicimos una cita para la mañana siguiente. Me recordó que vendría a las nueve y me pidió que no tuviera más citas esa mañana para que le dedicara todo el tiempo, porque su problema era grave. El tenía el aspecto de un hombre militar; era alto y fornido. Fijamos una cita para encontrarnos en la casa del hermano Lee. Llegué antes de las nueve y él ya estaba esperándome. Tan pronto nos sentamos dijo: "Hermano Nee, tengo una larga historia que contar". Habló de sus días en el ejército, de la manera en que vino al Señor y de cómo se había mudado a Chefoo. Me contó también que había vencido muchos pecados y que había abandonado todos los que había cometido mientras estuvo en el ejército. Pero había solamente una cosa que no podía vencer. Al escuchar esto, me regocijé una vez más. He aquí nuevamente "una cosa". Siempre existe "una cosa". Nadie puede decir que no le falta "una cosa". Le pregunté: "¿Cuál es esa cosa de la que habla?". Me mostró sus manos y me dijo que era el cigarrillo. Me dijo que había vencido toda clase de pecados graves y viles. Pero que no conseguía vencer este pecado. Había estado fumando por diez años y había sido cristiano por tres o cuatro. El había llegado a Chefoo hacía más de un año. Durante aquellos tres o cuatro años, había intentado dejar de fumar siete u ocho veces cada año y no lo había podido lograr. Se quejó diciendo: "Fumar en este lugar es un gran sufrimiento para mí. Chefoo es un pueblo tan pequeño, y hay muchos hermanos aquí. Si ellos se enteran de que yo fumo, sería desastroso. Así que sólo puedo fumar en secreto. No puedo fumar en la casa, porque mi esposa también es una hermana en el Señor y constantemente me vigila. Y si fumo fuera de mi casa, temo que los hermanos y las hermanas me vean. No puedo fumar en público, así que tengo que esconder los cigarrillos en mi bolsillo. Si estoy en el hospital, puedo fumar en mi consultorio, pero tampoco puedo hacerlo públicamente; sólo puedo hacerlo parado junto a la puerta. Si alguien se acerca, apago el cigarrillo a escondidas. Temo que las enfermeras del hospital me descubrirán, y se lo contarán a todos los hermanos. Si mi esposa me ve fumando, también tendré problemas. Fumar es un gran sufrimiento para mí. Los hermanos y las hermanas son muy afectuosos y vienen a visitarnos constantemente. Si llegan mientras yo estoy fumando, tengo que chupar unas pastillas de hierbas para que no perciban el aliento de cigarrillo en mi boca. Durante mi último año en Chefoo, he sufrido demasiado por causa del cigarrillo. No me gusta fumar, pero no logro dejarlo; no importa cuánto lo intente". El estaba sentado frente a mí. Su elevada estatura y su talla robusta reflejaban la imagen perfecta de un soldado. Sin embargo, mientras hablaba lloraba como un niño pequeño.

Yo le dije que esto era motivo de regocijo y que debía darle gracias al Señor y alabarlo por esto. El respondió: "Usted no me entiende. Otros logran dejar de fumar, pero yo no puedo. Si usted supiera cuánto he tratado de hacerlo, comprendería mi sufrimiento. Una vez dejé de fumar por tres días. En esa ocasión no fumé, ni tampoco llevé cigarrillos conmigo. No obstante, mi mente y mi cerebro estaban saturados de cigarrillos a dondequiera que iba. Finalmente, me rendí y comencé a fumar de nuevo. Me aborrezco a mí mismo, pero no puedo evitarlo". Yo le dije: "Esto no es algo para estar triste. Esto es algo por lo cual vale la pena regocijarse". El me preguntó qué quería decir con esto. Le respondí: "Doctor Shi, usted es un médico y ha alcanzado gran fama en su profesión. Sin embargo, usted no tiene nada que ver conmigo, porque yo soy una persona sana. Usted es el mejor doctor de Chefoo y yo soy la persona más saludable de Chefoo; yo no lo necesito a usted, y usted tampoco me necesita a mí. Si usted pudiera dejar de fumar hoy, usted sería para el Señor lo que yo soy para usted; usted no lo necesitaría a El. Pero si yo soy débil y enfermizo, y ningún doctor puede salvarme, yo vengo a usted, dado que es un doctor famoso. Entonces usted tendrá la oportunidad y la posibilidad de demostrar su habilidad. Doctor Shi, ¿se atrevería usted a colgar un aviso al frente de su clínica que dijera: 'Sólo se atienden casos desahuciados'?". El dijo: "Por supuesto que no. ¿Qué sucedería si no puedo solucionarlos?". Así que le dije: "Sin embargo, el Señor Jesús no acepta ningún caso que no sea un caso perdido. El Señor Jesús sólo sana casos imposibles. ¿Es usted un caso imposible? Creo que dejar de fumar es un caso imposible para usted". El estuvo de acuerdo que era un caso perdido: "Durante cuatro años he intentado dejar de fumar siete u ocho veces al año. Pero no lo he conseguido. Si esto no es un caso perdido, no sé lo que es". Le dije: "Muy bien, en tal caso, el Señor puede sanarlo. No es esto algo por lo cual regocijarse? Usted debe darle gracias al Señor porque llena los requisitos para ser Su paciente. Su caso es un caso perdido. Usted tiene que decirle al Señor Jesús: 'Señor, no puedo dejar de fumar y me es imposible dejar de hacerlo. Señor Jesús, te entrego mi ser a Ti'. El Señor aceptará tal paciente. Es por eso que usted debe regocijarse". El me dijo: "Hermano Nee, no se burle de mí. Usted tiene que entender que soy completamente incapaz de hacer esto". En ese momento comenzó a llorar nuevamente.

Entonces le leí 2 Corintios 12:9 y le pregunté: "¿Qué es lo que debe hacer acerca de su debilidad? ¿Debe llorar? No hay necesidad de hacerlo. ¿Entonces qué debe hacer? Debe regocijarse en su debilidad. Usted debe gloriarse en su debilidad; debe estar contento de poder jactarse de sus debilidades porque cuando usted es débil, entonces el poder de Cristo extenderá tabernáculo sobre usted". Después lo reté diciéndole: "¿Puede usted acudir al Señor Jesús hoy y decirle: 'Señor Jesús, he estado fumando por más de diez años. Te agradezco porque no puedo dejar de fumar; Señor Jesús he tratado de abandonar este vicio durante cuatro años y he fracasado completamente. Te doy gracias y te alabo porque traté de dejar de fumar siete u ocho veces el año pasado sin ningún éxito. Te agradezco porque no puedo hacer nada. Te agradezco porque soy débil. Te agradezco porque no puedo lograrlo. Señor Jesús te agradezco porque fumo. De ahora en adelante reconoceré que no puedo dejar de fumar y tampoco intentaré hacerlo. Oro pidiendo que Tú dejes de fumar por mí. Si tu no dejas de fumar por mí, yo no podré hacerlo por mi cuenta. No usaré más mi propia fuerza para dejar de fumar. Simplemente dejaré que Tú hagas esto en mi lugar. Te agradezco y te alabo porque Tu poder se perfecciona en mi debilidad'. ¿Qué le parece si nos arrodillamos para orar en este momento?". El estuvo de acuerdo y dijo: "Está bien, oremos". Como el soldado que era cayó abruptamente al suelo sobre sus rodillas. Luego comencé a orar así: "Señor te agradezco porque ésta es otra oportunidad para que se pueda manifestar Tu poder en un paciente desahuciado y sin esperanzas. Aquí tienes un hombre inútil y queremos que realices un milagro en él". Después de que oré, él también hizo una oración. Su oración fue excelente. Dijo: "Te alabo porque fumo, y no puedo dejar de fumar. Es por esta razón que vengo a Ti. Señor, de ahora en adelante ya no trataré de dejar este vicio. Deja Tú el cigarrillo por mí. Yo no volveré a intentarlo. Entrego todo en Tus manos. Te agradezco y te alabo. Tú sí puedes". Al terminar la oración se sintió muy contento. Se puso de pie y tomó su sombrero. Cuando estaba a punto de salir le dije: "Espere un momento. Tengo algo más que decirle. ¿Va a seguir fumando?". El me dio una buena respuesta: "Sí. Por supuesto que seguiré fumando. Yo, Tsai-lin Shi seguiré fumando, pero el Señor Jesús dejará de fumar por mí". Después de estas palabras, salió.

A la noche siguiente, vino de nuevo a la reunión. El testificó que le había dicho a su esposa: "Por más de un año te has estado quejando y me has dicho que fumar está mal. Pero no podía dejar de hacerlo. Ayer en la mañana acudí a Dios, y en media hora, dejé de fumar. No hay necesidad de que te sigas quejando. Todo lo que necesitaba era ir a Dios por media hora". Yo le pregunté si él seguiría fumando. El dijo: "Por supuesto que sí". Luego le pregunté qué haría. El dijo: "Siempre fumaré. Yo, Tsai-lin Shi, siempre fumaré, aún dentro de cinco o diez años más. Es el Señor Jesús quien dejará de fumar por mí". Al escuchar esto, quede tranquilo. Comprendí que el asunto había quedado resuelto. Este hombre se conocía a sí mismo y conocía a Dios. También sabía que el cambio no provenía de él, sino del Señor Jesús. Dos meses después de haberme ido de Chefoo, me enteré de que no había vuelto a fumar ni una sola vez. Todos los hermanos testificaron que él crecía y progresaba rápidamente.

NOSOTROS NO PODEMOS LOGRARLO, PERO DIOS SI

Debo decirles que Dios sí puede lograrlo. Si deseamos tener un entendimiento completo de que hemos sido crucificados juntamente con Cristo, debemos comprender que no podemos lograrlo y que tampoco debemos intentarlo. Por último, debemos darle gracias a Dios y alabarlo porque no podemos lograrlo. Ni nuestra debilidad ni nuestros fracasos ni nuestros pensamientos ni nuestros hábitos ni siquiera nuestro mal genio nos estorbarán. El Señor Jesús es capaz. Repito, El puede. Esta tarde el Señor Jesús hará un milagro en todos aquellos que reconozcan que no pueden hacer nada. Debemos ver que no podemos hacer nada y debemos permanecer sobre la base en la cual Dios nos ha puesto. Dios nos ha mostrado que no podemos hacer nada. A los ojos de Dios, solamente merecemos la muerte. Debemos decir: "Señor, sólo merezco la muerte. Ya no trataré de cambiarme o de mejorar. Vengo a Ti tal como soy con mis debilidades. Te agradezco porque no puedo lograrlo".

En los últimos meses Satanás ha venido a mí y me ha hablado muchas veces. El nunca desiste, siempre me pregunta: "¿Has logrado vencer? Veo que sigues siendo el mismo". Yo entonces le respondo: "Si fuera asunto mío me preocuparía. Pero el Señor es mi victoria". Luego el diablo me dice que no soy bueno en esto o aquello; pero yo solamente le digo: "Doy gracias al Señor y lo alabo porque no soy bueno". El viene a decirme que soy débil, pero yo sólo le digo: "Eso es maravilloso, ahora Cristo tiene la oportunidad de manifestar Su poder". Podemos ver entonces lo valioso que es ser débil. ¡Qué gozo es ser débil! No tenemos ningún temor y nuestros corazones se llenan de agradecimiento y alabanzas al darnos cuenta de que no podemos hacer nada por nuestra cuenta.

Hermanos y hermanas, nuestra incapacidad no es un obstáculo sino una ayuda. Cuanto más impotentes seamos para alcanzar la victoria, más oportunidad tendrá Cristo de manifestar Su poder. El se especializa en ocuparse de nuestra incapacidad y debilidad. Cuanto más desvalidos, débiles y fracasados seamos, más oportunidad tiene nuestro Señor de manifestar Su poder en nosotros. ¡Aleluya! ¡Jesús es el Salvador! ¡Aleluya! El es nuestro Señor. ¡Aleluya! El es nuestra vida. ¡Aleluya! Su poder nos es dado a propósito para extender tabernáculo sobre nuestras debilidades. Nuestros ojos deben estar puestos en El y no en nosotros mismos.

CAPITULO CINCO

COMO EXPERIMENTAR
LA VIDA QUE VENCE

(2)

Lectura bíblica: Gá. 2:20

En los mensajes anteriores, hemos estado viendo la clase de vida que llevamos y la clase de vida que Dios requiere de nosotros. Vimos la manera en que el hombre obtiene la victoria y la manera en que Dios nos muestra que podemos alcanzarla. Hemos podido ver lo que es la vida vencedora y las características de ésta. En esta ocasión hablaremos sobre la manera de experimentar dicha vida. En primer lugar estudiaremos una pregunta muy importante: ¿cómo podemos empezar a experimentar esta vida y cómo podemos ganar a Cristo? El versículo que acabamos de leer nos muestra la manera de experimentar esta vida. Vayamos a la primera parte de Gálatas 2:20 y concentrémonos en la parte que comienza con: "Ya no vivo yo". Esta es la vida que debemos experimentar: "Ya no vivo yo". Por un lado, puedo decir: "Ya no vivo yo", pero por otro, la vida que vence significa "mas vive Cristo en mí". Esto es lo que abarcamos en los últimos capítulos. La carta que Pablo escribió a los gálatas nos muestra que él entró en la experiencia de esta vida. Examinemos la manera en que él entró en la experiencia de esta vida. El camino por el que Pablo entró, es el mismo por el que nosotros debemos entrar. La entrada de Pablo concuerda con dos frases. La primera aparece antes de la porción que citamos del versículo 20 que dice: "Ya no vivo yo, más vive Cristo en mí". Y la segunda frase viene después. La primera frase es: "Con Cristo estoy juntamente crucificado". Esta es la primera condición para empezar a experimentar esta vida. La segunda frase es: "La vida que ahora vivo en la carne, la vivo por fe, la fe en el Hijo de Dios". Esta es la segunda condición para entrar en la experiencia de esta vida. Por medio de estas dos condiciones, Pablo ganó a Cristo como su justicia, santificación y victoria. Examinemos estas dos cosas detalladamente.

NOS RENDIMOS:
"CON CRISTO ESTOY JUNTAMENTE CRUCIFICADO"

La primera condición es: "Con Cristo estoy juntamente crucificado". ¿Qué quiere decir esto? ¿Por qué debemos ser crucificados con Cristo antes de poder tener la vida que vence? Hermanos y hermanas, ¿cuántas personas viven en nosotros hoy? Todos sabemos que tan pronto creemos, el Señor viene a vivir en nosotros. Dice en 2 Corintios 13:5: "¿O no os conocéis a vosotros mismos, que Jesucristo está en vosotros, a menos que estéis reprobados?". Nosotros los que creímos en el Señor, sabemos que no estamos reprobados. Es un hecho que el Señor está en nosotros, pero desafortunadamente El no es el único que vive en nosotros; también nosotros vivimos dentro de nosotros mismos. A fin de experimentar al Señor como vida que vence, nosotros necesitamos salir. Salir significa que tenemos que soltar. Si nosotros salimos, experimentaremos la vida que vence.

Ayer una hermana me preguntó cómo podía experimentar la vida vencedora. Mi respuesta fue que ella tenía que mudarse a otro lugar. Si dos familias viven en una misma casa, y la relación entre ellas no es muy buena, una de las dos familias debe mudarse a otra casa. El asunto no depende de si Cristo vive en nosotros o no, puesto que en el minuto en que creímos, Cristo comenzó a vivir en nosotros; no depende de si El está en nosotros. El problema radica en si nosotros nos hemos mudado o no. Como coarrendatarios del Señor somos muy sucios; hemos cometido toda clase de pecados. Tan pronto como nos mudemos, todo estará bien. Por lo tanto, la primera condición es que nosotros nos mudemos; tenemos que irnos a otro lugar.

La Palabra de Dios dice: "Con Cristo estoy juntamente crucificado". Pero ¿acaso hemos tenido éxito nosotros aun cuando hemos tratado de mudarnos muchas veces? Hemos procurado morir muchas veces, pero aún seguimos vivos. Hemos tratado de dar muerte a nuestro yo muchas veces, pero no lo hemos conseguido todavía. Algunas veces parece que hemos muerto, pero todavía seguimos vivos. Frecuentemente hemos tratado de crucificarnos a nosotros mismos, pero todavía no estamos muertos. ¿Cuál es el problema? Necesitamos mirar más de cerca este asunto ahora.

Nosotros no podemos lograrlo

En esta ocasión todos los hermanos y hermanas que están aquí presentes, entienden lo que es la cruz. Sabemos que cuando el Señor fue crucificado, no sólo quitó nuestros pecados, sino que también crucificó nuestra persona. Ya conocemos la enseñanza de Romanos 6. Sabemos que cuando el Señor murió en la cruz, no sólo llevó nuestro pecados, sino que también crucificó consigo nuestro viejo hombre. Sabemos que el problema del pecado fue resuelto, y que nosotros mismos fuimos crucificados juntamente con Él. Hemos prestado mucha atención a esta verdad por muchos años. Si bien es cierto que fuimos crucificados juntamente con Cristo, ¿por qué esta verdad no ha tenido mucho efecto entre nosotros? Es cierto que el Señor fue clavado en la cruz, ¿pero por qué no estamos muertos aún? El Señor me llevó a la cruz, pero todavía sigo siendo yo. Aún sigo atado, aún soy débil, sigo cayendo y aún carezco de poder. La Biblia dice que yo fui crucificado juntamente con Cristo, pero ¿por qué estoy tan escaso de poder? Muchos cristianos salvos, continúan esforzándose esperando que a la postre podrán vencer. Sin embargo, la victoria siempre parece estar lejos de ellos.

Hermanos y hermanas, debemos darnos cuenta que una cosa es que el Señor Jesús efectúe la salvación y otra muy distinta que nosotros recibamos esta salvación. Una cosa es preparar la comida, pero otra cosa es comerla. Una cosa es que el Señor logre algo por nosotros, pero es otra cosa que nosotros recibamos lo que El logró. Pablo nos enseñó que debemos recibir la muerte del Señor. Romanos 6 nos muestra que cada uno de nosotros está muerto. ¡Aleluya! ¡Todos nosotros estamos muertos! Romanos 7 nos muestra que aunque cada cristiano debe estar muerto, en realidad todavía seguimos vivos. Si deberíamos estar muertos, ¿por qué todavía estamos vivos? Romanos 6 nos muestra la verdad objetiva, mientras que Romanos 7 nos muestra la experiencia subjetiva. Romanos 6 presenta el hecho, mientras que Romanos 7 presenta la experiencia. En la actualidad hay muchos cristianos que conocen el significado de Romanos 6, donde se nos dice que nuestro viejo hombre fue crucificado juntamente con Cristo. Ya saben que no deben seguir siendo esclavos del pecado, que son libres de la esclavitud de la ley y que diariamente deben darse por muertos al pecado. Aunque ya saben todo esto, nada funciona para ellos. La enseñanza continúa siendo enseñanza, y ellos todavía siguen siendo los mismos. La enseñanza nos muestra que fuimos crucificados juntamente con Cristo, pero nosotros decimos que todavía estamos vivos. La enseñanza nos dice que fuimos librados del pecado, pero nosotros decimos que el pecado todavía está en nosotros. La enseñanza nos dice que fuimos librados de la esclavitud de la ley, pero nosotros decimos que todavía estamos bajo la ley. ¿Cuál es el problema?

Romanos 7 nos habla de un hecho grandioso: el hombre no está de acuerdo con lo que Dios ha hecho. El hombre no está dispuesto a aceptar el juicio de Dios. Hermanos y hermanas, ¿por qué Dios nos puso en la cruz? El nos puso en la cruz porque sabe que no podemos hacer nada y porque somos absolutamente inútiles. Es imposible que podamos mejorar, corregirnos o tener algún progreso. No somos buenos absolutamente para nada. No tenemos otra esperanza que ser crucificados. Una vez le di unas palmadas en el hombro al hermano Tsong-jie Hsu, y le dije: "Tsong-jie Hsu es completamente corrupto. Si hubiese alguna esperanza al castigarlo, lo castigaríamos; si hubiese esperanza al meterlo en la cárcel, lo encarcelaríamos. Pero es inútil castigarlo o encarcelarlo. No hay esperanza en él. Lo único que podemos hacer con él, es ejecutarlo. Tsong-jie Hsu es totalmente corrupto, no tiene esperanza. Lo único que podemos hacer con él, es crucificarlo". Usted y yo somos tan corruptos como el hermano Tsong-jie Hsu; por consiguiente, sólo merecemos ser crucificados.

La cruz no es otra cosa que la valoración de nosotros mismos. La cruz nos evalúa y determina que sólo merecemos morir. Según la evaluación que Dios hace de nosotros, lo único que merecemos es la muerte. Lo que Dios determina al evaluarme es que debo morir. Si entendemos que la cruz es el informe de la evaluación que se hace de nosotros, que somos absolutamente inútiles y que ni siquiera podemos tener pensamientos rectos, estaremos de acuerdo con que no merecemos otra cosa que la muerte. Dios dice que sólo merecemos morir y que somos completamente inútiles. Pero ¿hemos de seguir tratando de producir algo bueno por nosotros mismos? Recientemente el gobierno chino anunció una nueva ley sobre la prohibición del opio. Todos los que se sometan a un tratamiento obligatorio y continúen consumiendo opio, serán ejecutados. Suponga que una persona ha estado consumiendo opio por mucho tiempo, y después de someterse al tratamiento obligatorio, recae nuevamente. Cuando el gobierno se entere de esto, esa persona será ejecutada. ¿Qué cree usted que hará esta persona? Puesto que sabe que va a ser ejecutada, ¿acaso tratará de encontrar un doctor en Shanghai que le aplique unas cuantas inyecciones para poder dejar su adicción, aunque sabe que va a morir al día siguiente? Eso no tendría sentido. Un criminal que ha sido condenado a muerte, ya no piensa en mejorar ni tiene necesidad de progresar. Lo único que espera es la muerte. Dios dice que lo único que merecemos es morir y que no hay posibilidad alguna de enmendarnos ni de corregirnos. No podemos tener más progreso. La decisión final de Dios es que debemos morir. Nosotros solamente merecemos morir.

Pensamos que antes de ser salvos no podíamos mejorarnos ni corregirnos ni enmendarnos por nuestra propia cuenta y que debíamos abandonar nuestro pasado. Pero ahora que somos salvos, creemos que debemos tratar de mejorarnos, corregirnos y progresar por nosotros mismos, a fin de agradar a Dios. Así que, después de ser salvos, decidimos ser buenos. Hermanos y hermanas, ¿cuántas veces hemos determinado ser buenos? ¿Cuántas veces hemos tenido éxito en llegar a ser buenos? Le hemos hecho muchas promesas a Dios. Le hemos dicho que obedeceremos esto y aquello que El nos ha dicho. Le hemos prometido que madrugaremos y que seremos fervientes el día siguiente. Sin embargo, a pesar de todas nuestras promesas, ¿cuánto hemos logrado? Una hermana occidental dijo que ella le había prometido a Dios más de treinta cosas, pero que no había podido cumplir ninguna de ellas. No hemos aceptado la valoración que Dios ha hecho de nosotros. No hemos aceptado el juicio de Dios sobre nosotros. Aunque ya hemos sido sentenciados a muerte, todavía seguimos buscando un doctor.

¿Qué es la cruz? La cruz significa que Dios perdió toda esperanza en el hombre. La cruz nos dice que Dios ha abandonado toda esperanza en el hombre. ¿Qué es la cruz? La cruz nos dice que Dios proclama: "No puedo mejorar al hombre ni corregirlo ni hacer que progrese. Solamente puedo clavarlo en la cruz". Lo extraño de esto es que ya conocemos este hecho. Ya sabemos que Dios nos considera un caso perdido y que sólo merecemos ser crucificados. Pero al mismo tiempo, seguimos pensando que no somos tan malos. Por lo tanto, seguimos tomando determinaciones todos los días. Decimos: "Dios, te prometo que haré esto y aquello. De ahora en adelante, no perderé la paciencia". Ninguna de estas promesas tiene objeto. A veces creemos que nuestras decisiones no son lo suficientemente fuertes y tratamos de obrar mejor la próxima vez. Nos trazamos más metas y después de enojarnos, hacemos votos de no perder la calma la próxima vez. Pero cuando nos encontramos con que todavía conservamos nuestro mal genio, tomamos una tercera decisión. Era así como Pablo vivía: "Porque el querer el bien está en mí, pero no el hacerlo" (Ro. 7:18). El siempre estaba tomando decisiones; luego fallaba y volvía a tomar nuevas determinaciones, y volvía a caer una y otra vez. Esta no solamente era la vida de Pablo, sino que hoy sigue siendo la experiencia común de muchos de nosotros. Hermanos y hermanas, ¿hemos cesado ya de tomar nuestras propias determinaciones? Dios dice que sólo merecemos morir y que no somos buenos para nada. El dice que no hay más esperanza en nosotros.

¿Qué significa ser crucificado juntamente con Cristo? Significa que Dios ha abandonado toda esperanza en nosotros, y que nosotros también hemos abandonado toda esperanza en nosotros mismos. El hecho de que Dios nos crucifique juntamente con Cristo, quiere decir que El no tiene esperanzas en nosotros. Dios conoce nuestra verdadera condición; El sabe que somos absolutamente inútiles y que no tenemos esperanza. ¿Qué significa estar juntamente crucificado con Cristo? Significa que hemos abandonado toda esperanza. Reconocemos que nunca podremos agradar a Dios. El no puede hacer otra cosa que condenarnos a muerte. No hay esperanza en el hombre carnal. Lo único que nos resta por hacer es morir. Sólo somos dignos de muerte.

Hermanos y hermanas, ¿tienen algún enfermo en sus casas? He estado en cinco o seis casas en donde ha habido alguien enfermo, ya sea el esposo, la esposa o los hijos. Cuando la familia perdía la esperanza en el enfermo, me decían: "Hermano Nee, si es la voluntad de Dios, esperamos que él o ella se vaya rápidamente". ¿Por qué decían eso? Porque ya no tenían esperanza. Cuando perdían toda esperanza, sólo esperaban que el enfermo muriera rápidamente. Ahora Dios le está diciendo que usted no tiene esperanza; sólo merece ser crucificado. También sería bueno si usted pudiera decir que no tiene esperanza en usted y que lo único que le resta es ser crucificado.

Nuestro problema es que conocemos muy bien Romanos 6, pero todavía seguimos tomando decisiones como la persona de Romanos 7. Todavía seguimos haciendo promesas a Dios y aún seguimos pensando que podemos servir para algo. Entendemos claramente Romanos 6, pero todavía nos comportamos según Romanos 7. En Romanos 6 Dios le dijo a Pablo que él era inútil; en Romanos 7, Pablo se dijo a sí mismo que era inútil. Hermanos y hermanas, Dios sabe a qué atenerse con respecto a nosotros. El abandonó toda esperanza en nosotros hace mucho tiempo. Según Su evaluación, no valemos nada. El ya nos ha dicho que somos inútiles. La pregunta es ¿cómo nos valoramos a nosotros mismos? Si nosotros también abandonamos toda esperanza en nosotros mismos y declaramos que somos inútiles, inmediatamente experimentaremos liberación. Dios permite que perdamos la paciencia, que seamos orgullosos, celosos y deshonestos. El permite que el pecado nos ponga de cabeza. Es así como El nos comunica que nosotros no podemos hacer nada. Pero, ¿cómo respondemos? Pensamos que nuestra primera decisión no fue lo suficientemente firme y que tenemos que tomar una determinación aún más firme. Creemos que esto tal vez funcione la segunda vez, pero no produce resultados. Es así como experimentamos Romanos 7. Romanos 6 es meramente la enseñanza, mientras que Romanos 7 nos conduce a la realidad de Romanos 6. Si alguien aquí dijera que yo soy terriblemente corrupto, yo gritaría: "¡Aleluya! Yo, Watchman Nee, soy totalmente corrupto". ¡Aleluya! Pablo no podía hacer nada por sí mismo. El sufrió durante muchos años. El sólo merecía ser crucificado. Hoy, si usted declara que no sirve para nada, experimentará liberación inmediatamente. Aquellos que tratan de ser buenos nunca serán salvos. Asimismo, los cristianos que se deciden a ser buenos cristianos, nunca vencerán. Hermanos y hermanas, la cruz de Dios no ha cometido un error al juzgarnos. Hay algo que me agrada hacer todos los días: me encanta declarar que yo era inútil ayer, que soy inútil hoy y que seré inútil mañana. Seré inútil por siempre.

Dios quiere que nosotros aceptemos la evaluación que la cruz hace de nosotros porque al hacerlo aceptamos al Señor como nuestra santificación, nuestra perfección y nuestra victoria. Si todavía acariciamos alguna esperanza y conservamos aunque sea un poquito de fe en nosotros mismos, Dios tendrá que seguir trabajando en nosotros. Dios no cesará de obrar en nosotros hasta que abandonemos por completo toda esperanza en nosotros mismos. Dios tiene que llevarnos al punto en que no tengamos ninguna esperanza en nosotros mismos. El hace esto para que aceptemos la cruz. El nos lleva a ese punto porque desea que comprendamos que somos totalmente impotentes. El desea que reconozcamos esto.

Aunque muchas personas son conscientes de que no pueden hacer nada por su cuenta, aún así no han vencido. ¿Por qué sucede esto? Porque Dios también requiere que cumplamos otra condición.

No tratemos de lograr algo

Ayer conocí a una hermana que pasó dos horas contándome la historia de sus fracasos. Mientras ella hablaba, yo sonreía. Finalmente le pregunté: "¿Está usted dispuesta a rendirse ahora? ¿Aún conserva alguna esperanza en usted?

¿Ha fracasado ya lo suficiente?". Ella reconoció que no podía lograr nada, pero aún le faltaba una cosa. Lo primero que Dios nos muestra es que no podemos lograrlo. Tenemos que perder toda esperanza en nosotros mismos. Pero esto por sí solo, no nos conducirá a la victoria. Una cosa es reconocer que no podemos lograr nada, pero es otra dejar de intentarlo. Yo le dije: "Su comprensión de no poder lograrlo es buena y correcta. Pero no se ha dado cuenta de que todavía está tratando. ¿Puede ver que todavía está tratando de hacer las cosas por su cuenta? Ya que sabe que no puede lograrlo, debería haber desistido de sus propias obras. ¿No se da cuenta de que todavía sigue intentando aun cuando dice que no puede lograrlo?". Ella reconoció que no podía lograrlo; que al mismo tiempo no veía ningún resultado, y que seguía esperando lograr algo. Yo le pregunté reiteradamente: "¿Puede ver que todavía sigue obrando? ¿Está consciente de que todavía sigue tratando de vencer?". Ella estaba luchando e intentando. Esta era la razón por la cual no podía vencer. Me preguntó qué debía hacer. Yo le dije que sólo tenía que aceptar la cruz, reconocer su debilidad y dejar de tratar o de esperar que algún día vencería. Le dije que en el momento en que ella tratara de hacer algo, ella fracasaría. Ella preguntó: "Si fracaso a pesar de hacer todo, ¿no fracasaría aún más si no hago nada?". He ahí el problema de muchas personas. Aunque saben muy bien que no pueden hacer nada y están conscientes de que son completamente impotentes, aún así, continúan luchando y esforzándose. El resultado es que todavía no hay victoria y que aún no pueden vencer.

Para llegar a experimentar la vida vencedora, hay dos condiciones muy importantes relacionadas con rendirnos. Lo primero que tenemos que hacer es reconocer la evaluación que Dios nos hace: no podemos hacer nada por nuestra cuenta. En segundo lugar, no debemos tratar de hacer nada. Debemos abandonar por completo toda esperanza en nosotros mismos. Una vez un hermano me dijo que no podía creer. Yo le dije que debía dejar de tratar de creer. El dijo: "¿Qué clase de enseñanza es ésta?". Yo le dije: "Todo lo que necesitas hacer, es decirle a Dios que no puedes creer. Dios espera que reconozcas que no puedes creer".

¿Qué significa estar crucificado con Cristo? Significa que a partir de ese momento, ya no soy responsable de mi victoria ni de mi fracaso. Todos mis asuntos están en las manos de Cristo. Suponga que una hermana le sirve una taza de té y que cuando usted toma la taza, ella no la suelta, sino que se aferra a ella. Por un lado, usted está tratando de coger la taza, pero por otro, ella continúa sosteniendo la taza. Aunque ella dice que le está sirviendo el té, no quiere soltar la taza. A menos que ella suelte la taza, usted no podrá tomarse el té.

¿Qué significa estar crucificado juntamente con Cristo? El primer significado de estar crucificado con Cristo, es soltar. El segundo significado es no tratar de tomar el control. Usted debe decirle a Dios: "De ahora en adelante, te ofrezco mi ser. Desde ahora, mi victoria y mi paciencia son Tu preocupación".

Una vez un hermano preguntó qué significaba ser victorioso. Le dije que ser victorioso es renunciar, lo cual, a su vez, es expirar. Significa que la victoria, ya no es asunto de uno.

En cierta ocasión en que me encontré con una hermana, le dije: "Sólo necesitas hacer una cosa. Solamente dile a Dios que de ahora en adelante no puedes hacer nada y que no eres responsable de nada".

No podemos evitar airarnos, ni reprimirnos ni rendirnos. De ahora en adelante debemos rendirnos y ya no preocuparnos. Cuando venimos a Dios, con frecuencia le decimos que no podemos hacer algo o que no podemos hacer nada. Sin embargo, al alejarnos de Su presencia, volvemos a tomar las cosas en nuestras manos. Hermanos y hermanas, lo que traigamos a Dios cuando vengamos delante de El, debe quedarse con El cuando salgamos de Su presencia. Aquellos que saben dejarle las cosas a Dios, experimentarán liberación.

Una vez le llevé un manuscrito a una hermana, y le pedí que me sacara una copia en limpio. Pero al salir, por equivocación, me traje el manuscrito conmigo. A pesar de que ella tenía la disposición de pasarlo a máquina, no podía hacerlo. Es así como nosotros oramos hoy. Decimos con nuestros labios: "Dios, por favor ayúdame"; pero después de orar tomamos todo nuevamente en nuestras manos.

Por lo tanto, lo más importante es abandonar el asunto. Tenemos que decir: "Dios no tengo la intención de vencer ni

tampoco trataré de hacerlo". Esto es estar crucificado juntamente con Cristo. ¡Cuán maravilloso es esto! "Con Cristo
estoy juntamente crucificado".

Al despertar usted en la mañana, Satanás puede decirle
que no es muy bueno y que sigue siendo el mismo en este o
aquel aspecto. Usted puede entristecerse por esto. No obstante,
¿qué hará? Usted debe decir: "Por mucho tiempo he sabido
que soy totalmente corrupto. He abandonado toda esperanza
en mí mismo. No tengo la intención de tener ningún progreso
valiéndome de mis propios medios". Si usted dice esto, inmediatamente mejorará. ¡Esto es maravilloso! No se trata de
una enmienda sino de un intercambio. Usted tiene que aferrarse a los hechos que Dios ha realizado. Si usted tuviese
alguna utilidad en usted mismo, Dios no lo habría llevado a
la cruz. Dios lo ha clavado en la cruz y lo ha puesto en Cristo
porque usted es sumamente corrupto; por tanto, usted debe
abandonarlo todo. ¿Qué debe hacer en la práctica? Usted
debe decir: "Dios, no puedo enmendarme ni tengo la intención
de corregirme. Señor de ahora en adelante no puedo más;
ya no trataré de lograr las cosas, ni tengo la intención de
hacerlo". Hermanos y hermanas, ¿se atreven ustedes a soltarlo todo?

Ya les conté la historia del médico que fumaba cigarros. El
tenia más de setenta años y había estado luchando con ese
vicio durante años. Un día, en una reunión, comenzó a hablar
de su lucha con el cigarro. Un joven que conocía al Señor dijo:
"Si yo estuviera en su lugar, no lucharía". El hombre de edad
avanzada le dijo: "Si no puedo dejar el cigarro luchando, ¿no
sería más difícil dejarlo si no lucho?". El joven le respondió:
"¡No! Si yo estuviera en su lugar, yo le diría a Dios: 'No puedo
dejar de fumar, Tú tienes que dejar el cigarro en mi lugar'". El
anciano creyó que las palabras del joven tenían sentido e hizo
caso. Le dijo a Dios: "No puedo dejar de fumar y no lucharé
más contra los cigarros. Señor, te dejo esto a Ti. No volveré a
tratar de ejercer control sobre esto. Por favor, deja de fumar
por mí". Todos los días fumaba de doce a veinte cigarros, y
había hecho esto por cincuenta años. Pero ese día se rindió
y al día siguiente les dijo a otros que se había despertado por
primera vez sin pensar en fumar.

Hermanos y hermanas, si ustedes creen que pueden llegar a ser santos, con seguridad fracasarán. Si creen que pueden llegar a ser perfectos, sin duda alguna fracasarán. Si creen que pueden llegar a ser pacientes, ciertamente fracasarán también. Dios nos ve fuera de toda posibilidad de enmienda o de arreglo. ¿Puede usted decir con Pablo que está crucificado? Usted es sumamente corrupto e inútil, y lo único que merece es ser clavado en la cruz. Esto fue lo que Pablo quiso decir. Cuando estuve en Pekín, le pregunté a un hermano si estaba rendido. El dijo: "Doy gracias al Señor y lo alabo porque estoy acabado". Este es un requisito básico: debemos ver delante de Dios que somos completamente inútiles y que no hay manera de mejorarnos ni de corregirnos. Todo lo que tenemos que hacer es decirle al Señor: "De ahora en adelante, te entrego todo a Ti. Hazlo todo por mí".

Algunos hermanos y hermanas, reconocen que no pueden vencer. Reconocen que están acabados y que fueron crucificados juntamente con Cristo. Pero, ¿por qué no vencen todavía? ¿Por qué siguen fracasando? ¿Por qué la victoria todavía no es una realidad para ellos? Hermanos y hermanas, hay otra palabra que no podemos olvidar.

LA FE:
"LA VIDA QUE AHORA VIVO EN LA CARNE,
LA VIVO POR FE,
LA FE EN EL HIJO DE DIOS"

Estoy juntamente crucificado con Cristo. Me rindo. Dios dice que soy absolutamente corrupto y yo también digo que soy absolutamente corrupto. Dios dice que soy absolutamente inútil, y yo también digo que lo soy. El dice que solamente merezco morir, y yo estoy de acuerdo con El. "Ya no vivo yo, mas vive Cristo en mí". Esto es un hecho. Es un hecho que ya no vivo yo, y también lo es que Cristo ahora vive en mí. ¿Por qué ya no soy yo quien vive? Dos menos uno es uno. Al sustraer a Adán lo que queda es obviamente Cristo solo. Antes vivíamos los dos juntos; ahora uno se ha ido y Cristo es el único que queda. Este es un hecho. ¿Pero cómo puede manifestarse este hecho? El único camino es la fe.

Fe en lo que Dios ha hecho

El evangelio de Dios nos muestra que Dios nos ha dado a Su Hijo. El Hijo de Dios ha llegado a ser nuestra justicia, nuestra redención y nuestra santidad. No tenemos que recibirlo como nuestra vida primero, y después esperar que El nos dé Su perfección, Su paciencia y Su mansedumbre. El ya es nuestra vida. La Biblia nos muestra que Cristo ya es nuestra Cabeza. Así como la cabeza se preocupa por el cuerpo, es responsable por él y lo gobierna, así mismo es Cristo para con nosotros. No necesitamos pedirle que sea nuestra Cabeza, y tampoco necesitamos pedirle que nosotros seamos Su Cuerpo. El ya es nuestra Cabeza, y nosotros ya somos Sus miembros. Esto requiere fe de nuestra parte. Por un lado, ya nos rendimos a El; pero, por otro, ¿creemos que Cristo es nuestra Cabeza y que tiene el lugar apropiado en nosotros siendo responsable por nosotros y rigiéndolo todo por nosotros? ¿Creemos que El es nuestra Cabeza como la Biblia lo dice, y que como tal El asume toda responsabilidad? La palabra de Dios dice que El es la Cabeza. ¿Creemos nosotros que El verdaderamente es nuestra Cabeza? ¿Creemos que ya no tenemos ninguna responsabilidad sobre nosotros y que de ahora en adelante El será responsable por todo, aun en este instante?

La palabra de Dios también nos muestra que El es la vid y nosotros los pámpanos. No dice que El será nuestra vid y nosotros seremos Sus pámpanos. No dice que nosotros llegaremos a ser Sus pámpanos y El llegará a ser nuestra vid en un futuro cercano o cuando nuestra condición espiritual mejore. Debemos llevar fruto de la misma manera en que El lleva fruto. Debemos estar llenos de virtudes de la misma forma en que El lo está. El nos da toda la savia, la vida y el poder para que llevemos fruto. El es la vid y nosotros ya somos los pámpanos. El nos suministra Su vida, Su santidad, Su perfección y todo lo que El es. Hermanos, ¿creemos esto? ¿Creemos que El es nuestra vid y nosotros Sus pámpanos? Al creer en El como nuestro Salvador fuimos completamente unidos a El. (Por supuesto, todavía había mezcla. Ahora, incluso la mezcla ha desaparecido). ¿Cree usted esto? Usted no tiene que tratar de hacer algo para unirse a El, porque

Dios ya lo ha hecho una sola vid con el Señor. ¿Cree usted que El lo tratará de la misma forma que un árbol trata sus ramas? Usted no lleva fruto para El, sino que El lleva fruto por medio de usted.

Dios también nos ha mostrado que la unión entre el Señor Jesús y nosotros es como la relación entre la comida y nuestro cuerpo. El es la sangre que bebemos y la carne que comemos. El es quien sustenta nuestra vida. Así como el alimento suple todas nuestras necesidades interiores y así como morimos cuando somos cortados de este suministro, así mismo es el Señor Jesús para con nosotros.

Dios nos muestra en Su palabra que estamos unidos al Señor Jesús. El es nuestra Cabeza, nuestra vid y nuestro alimento. No tenemos que pedirle a Dios que nos dé poder para vivir como Jesús vivió. El ya nos dio a Su Hijo, quien es responsable por nosotros, vive por nosotros y es el poder de vida a nosotros. Dios nos lo dio a fin de que toda Su perfección, Su comunión, Su gozo y Sus riquezas, puedan expresarse en nuestro vivir. Antes no entendíamos esta verdad y tratamos de desarrollar nuestra propia santidad, negando así la santidad de Dios. Ahora por un lado, cesamos de nuestras propias obras. Pero esto no es suficiente. Dios dice que El nos dio Su vida. Debemos creer que El es nuestra vida. El puede expresar en nosotros todo lo que tiene. El nos dará todo lo que necesitemos. Necesitamos creer que El ya hizo esto.

La clave de la victoria es comprender que no es algo que viene gradualmente. Por fe sabemos que Cristo ha llegado a ser nuestra victoria. La victoria es simplemente Cristo, y la fe da sustantividad a todo lo que Cristo es en nosotros. La gracia de Dios nos ha dado al Señor Jesús. Lo único que nos queda por hacer es recibir por la fe lo que Dios nos dio. Cuando esto suceda, la vida, el poder, la libertad y la santidad de Cristo se manifestarán en nosotros.

Esta unión misteriosa ha sido lograda por Dios. El ha logrado que las riquezas inescrutables de Cristo, vengan a ser nuestras. ¿Creemos esto? ¿Creemos que todo lo que es de Cristo es nuestro ahora? ¿Creemos que Dios nos ha dado Su santidad, Su perfección, Su vida, Su poder y Sus riquezas? Dios nos ha unido a El y lo ha hecho nuestra Cabeza, nuestra vid y nuestro alimento. Ahora El es nuestra justicia, nuestra santidad y nuestra redención, y El vive por medio de nosotros. ¿Creemos esto? Dios nos invita a creer que nuestra unión con el Señor es la misma que Cristo tiene con El, y al mismo tiempo nos ordena que creamos. En tal unión, toda Su paciencia, Su mansedumbre, Su pureza y Su bondad vienen a ser nuestras. Así como creímos que El es nuestra justicia, ahora también debemos creer que El es nuestra santidad. Hermanos y hermanas, muchas personas han fracasado en este preciso asunto. A pesar de que conocen el camino que Dios nos da para ser victoriosos, no tienen fe. Saben que no tienen el poder, pero no conocen el poder de Cristo. Saben cuán corrupta es su propia carne, pero no ven que Dios les ha dado las riquezas de Cristo como un don.

¿Cómo recibimos un don? No necesitamos hacer nada, sólo recibirlo. Al creer en la Palabra de Dios, recibimos Su gracia. Este es el evangelio. Cuando recibimos algo por fe, el Espíritu Santo hace de nuestra fe el punto de partida de los milagros de Dios. Si un hombre nunca ha experimentado el poder de Dios, no lo apreciará tanto. Pero aquellos que lo han experimentado, conocen la realidad de esta fe. Cuando creemos que todo lo que está en Cristo es nuestro, el Espíritu Santo hace que todo ello venga a ser nuestro. ¡Cuán maravilloso es este evangelio! Todo lo que es de Cristo llega a ser nuestro por la fe. Por la fe, la vida perfecta de Cristo llega a ser expresada en nuestro cuerpo mortal día tras día. Por la fe, no sólo "ya no vivo yo", sino que también "Cristo vive en mí". Más allá de cualquier duda, Cristo vive en nosotros y en nuestro lugar. Pero esto sólo puede producirse por la fe.

Creemos que hemos recibido

Hermanos y hermanas, Dios no puede pedirnos que creamos aquello que es increíble. Algunos hermanos y hermanas pueden desistir y renunciar si se les pide que lo hagan, pero no pueden creer. Aunque dicen que creen, dicen que prefieren esperar unos días más para ver lo que sucederá. Es cierto que desistir o renunciar es un paso importante. Pero un paso aún más importante, es permitirle al Señor Jesús expresar Su victoria en nosotros. Una vez que lo soltamos todo debemos creer. Dios dice que si creemos que el Señor murió por nosotros en la cruz, nos dará vida eterna, y que si creemos que El vive en nosotros, nos dará la vida vencedora. Estoy consciente de que muchos han fallado en esto. No pueden creer que el Señor vive en ellos y tampoco pueden creer que el Señor haya vencido por ellos. Cuando le pregunté a una hermana si ella había soltado el asunto, ella respondió que sí. Cuando le pregunté cómo había soltado las cosas, respondió: "Yo le digo a Dios que no puedo hacer nada, que no me haré cargo de nada más. A partir de ahora, le entregaré todo a El, así experimente victoria o fracaso". Sin embargo, si usted le pregunta a esa hermana si ella había experimentado victoria, ella diría que no se atrevería a afirmar tal cosa. ¿Por qué no se atrevía a decir nada? Ella respondió que no le parecía que hubiese vencido, y tampoco veía el efecto de vencer. Le dije que si creía en lo que Dios había hecho y que si creía que el Señor Jesús es la victoria y que El vive en ella, debería creer inmediatamente que había vencido. Le dije también que si ella esperaba resultados, nunca llegaría a experimentar victoria.

Hermanos y hermanas, recibimos gracia para vencer de la misma manera en que recibimos la gracia del perdón. Nosotros le decimos a un pecador que Jesús murió por él en la cruz y que cuando él crea, sus pecados serán perdonados. Si la persona cree, sus pecados ciertamente le serán perdonados. Si usted le pregunta si ha creído o no, puede ser que diga que sí; pero si usted le pregunta que si sus pecados han sido perdonados, es posible que diga que no. ¿Por qué sucede esto? Tal vez diga: "He escuchado que cuando a un hombre le son perdonados sus pecados, experimenta gozo y paz; y yo todavía no siento gozo ni paz. Debo arrodillarme y orar hasta que sienta gozo y paz. Sólo entonces podré decir que mis pecados fueron perdonados". Si alguien dice algo así, usted posiblemente le diría: "Aunque usted se arrodille y ore un año entero para recibir gozo y paz, usted no lo lograría. Usted sentirá gozo y paz, cuando crea que ellos le vendrán". De la misma manera, si usted cumple con la condición para que Dios le conceda victoria, es decir, si usted suelta el asunto, si renuncia y si pierde las esperanzas en usted mismo, inmediatamente puede creer que usted ha recibido la vida vencedora. El hijo de Dios vive Su victoria en usted. Una vez que usted crea, el resultado vendrá espontáneamente. Pero si espera que el resultado venga, nunca verá el resultado ni aunque se arrodille y ore.

Hermanos y hermanas, si ustedes desean esperar resultados antes de atreverse a decir que tienen la vida vencedora, entonces sólo creen en su propia experiencia y no en la Palabra de Dios. Una vez que creamos en la Palabra del Señor, la experiencia, el sentimiento y la victoria vendrán. Pablo nunca dijo que podía sentir que había vencido. El dijo: "La vida que ahora vivo en la carne, la vivo por fe, la fe en el Hijo de Dios". Aunque usted piense que está frío y aunque no tenga ninguna razón para sonreír, de todos modos puede darle gracias al Señor y alabarlo diciendo: "La vida que ahora vivo en la carne, la vivo por fe, la fe en el Hijo de Dios".

Es posible que me vea saludable y vigoroso. Pero en realidad no existe un día en que no me sienta cansado. Según mis sentimientos, no hay un día que me parezca emocionante. Todos los días al despertarme me siento frío e indiferente. Satanás viene a mí muchas veces y me dice: "No experimentas ningún sentimiento de gozo. Todos los días estás frío y eres indiferente. ¿Es esto tener a Jesús viviendo en ti? Antes eras frío e indiferente y hasta ahora sigues siendo el mismo. ¿Es esto experimentar la victoria de Cristo?". Cuando esto sucede Dios siempre me da una respuesta. Le digo a Satanás: "Si yo sintiera algo, sería yo quien viviría. Pero si creo, vivo por la fe en el Hijo de Dios. Si siento algo, será mi carne que la siente. Pero si creo, viviré por la fe en el Hijo de Dios. Es mi carne la que siente, pero yo creo la Palabra de Dios". Si usted cree en la Palabra de Dios, el Señor expresará la victoria en usted. Dios dice que mientras usted cumpla con la condición, Cristo vivirá Su victoria por usted. Por consiguiente, usted podrá decir: "Dios, te agradezco y te alabo. Lo que siento no cuenta para nada. Mis sentimientos son la mentira más grande del mundo. Mis sentimientos y Satanás se llevan muy bien. Dios, te doy gracias porque puedo creer en Tu Palabra y no en mis sentimientos". Sólo la Palabra de Dios es verdadera; todos los sentimientos son mentira. Por lo tanto, no importa qué clase de tentación venga y no importa qué sienta usted, debe decir: "Vivo por fe, la fe en el Hijo de Dios. No tengo ninguna responsabilidad. Simplemente lo suelto todo ahora". Una vez que usted suelte todo y crea, verá que el Hijo de Dios lucha la batalla por usted. El vencerá en su lugar. El Hijo de Dios le quitará su mal genio, la obstinación, el orgullo y la envidia. ¡Aleluya, sólo hay un vencedor en todo el mundo! ¡Aleluya, todos somos débiles! ¡Aleluya, todos somos un fracaso y todos somos inútiles! ¡Aleluya, sólo el Señor es vencedor! ¡Aleluya, en toda la historia hay un solo vencedor! ¡Aleluya, ésta es la razón por la que nos jactamos en el Señor Cristo! Hermanos y hermanas, ¿qué tenemos que no hayamos recibido? ¿De qué nos podemos jactar? ¿Extiende usted su dedo para señalar a los ladrones o a las prostitutas? De no ser por la gracia de Dios estaríamos en la misma condición de ellos. ¡Aleluya, no somos corregidos sino intercambiados!

Hermanos y hermanas, todo lo que tenemos que hacer es cumplir con estos dos requisitos. Por una parte, no podemos hacer nada ni debemos tratar de hacer nada. Por otra parte, vivimos por la fe del Hijo de Dios. Esta es la victoria. ¡Aleluya, El lo ha logrado todo! Tenemos que pedirle a Dios que nos muestre que Su Hijo ha logrado todo y que nosotros no tenemos ninguna participación en Su obra. Esto es lo que significa la victoria.

CAPITULO SEIS

LA ENTREGA

Leamos dos versículos. En Lucas 18:27 dice: "El les dijo: Lo que es imposible para los hombres, es posible para Dios". En 2 Corintios 12:9 dice: "Y me ha dicho: Bástate Mi gracia; porque Mi poder se perfecciona en la debilidad. Por tanto, de buena gana me gloriaré más bien en mis debilidades, para que el poder de Cristo extienda tabernáculo sobre mí".

AUN TE FALTA UNA COSA

En Lucas 18:27 el Señor Jesús dijo que lo que es imposible para los hombres, es posible para Dios. Nosotros sabemos en qué ocasión el Señor dijo esto. Un joven rico había venido a El y le había preguntado: "¿Qué he de hacer para heredar la vida eterna?" (v. 18). Debido a que le preguntó, qué tenía que hacer, el Señor le contestó: "Los mandamientos sabes: No adulteres; no mates; no hurtes; no digas falso testimonio; honra a tu padre y a tu madre". (v. 20). El Señor le hizo una lista de cinco cosas. Le dijo al joven rico, que para heredar la vida eterna, la vida increada de Dios, por medio de las obras, debía cumplir estas cosas. Esto tiene que ver con lo que uno debe hacer y con lo que no debe hacer. El joven rico pensaba que si heredar la vida eterna era sólo cuestión de dejar de hacer ciertas cosas y de cumplir otras, él podría lograrlo. De hecho, él dijo haber guardado todos estos mandamientos desde su juventud; entonces el Señor le dijo: "Aún te falta una cosa" (v. 22).

En esta ocasión no tenemos tiempo para profundizar en este pasaje. Sólo extraeré de él un principio. Cuando el joven le preguntó al Señor qué debía hacer para heredar la vida eterna, el Señor sólo le mencionó cinco cosas. ¿Por qué el Señor no le dijo las seis cosas? ¿Por qué no le dijo todas las condiciones de una vez? ¿Por qué después de estas cinco cosas le dijo: "Aún te falta una cosa"? La única razón era demostrarle que él no podía lograrlo. La vida eterna es un regalo de Dios, es Su gracia, y el hombre no puede obtenerla por medio de ningún tipo de obra. El Señor primero le habló al joven rico de cinco cosas y después añadió: "Aún te falta una cosa", porque deseaba que el joven supiese que no podría heredar la vida eterna por obras; es imposible obtener vida eterna por las obras. Pero el joven rico ignoraba esto. El seguía declarando que podía lograrlo. Desde su juventud había guardado los mandamientos de no adulterar, no matar, no hurtar, no decir falso testimonio y honrar padre y madre. Por lo tanto, el Señor añadió una cosa más: "Aún te falta una cosa". El Señor sabía que había una cosa que no podía hacer. El Señor conocía bien a este joven y sabía que había una cosa que no podía vencer.

En la actualidad el Señor hace lo mismo entre nosotros en relación con la vida vencedora; El aplica hoy el mismo principio. Quizás algunos hermanos o hermanas digan que no son tan orgullosos ni tan envidiosos ni tan obstinados como otros. Quizá piensen que son mejores que otros en muchos aspectos, mas Dios sabe que hay algo en cada uno de nosotros que no podemos vencer. Dios permite que esto permanezca en nosotros, a fin de demostrarnos que esto es imposible para el hombre. Mientras no cometamos adulterio, ni robemos, ni matemos, ni digamos falso testimonio, y mientras honremos a nuestros padres, creemos que podemos hacerlo todo. Si otros nos preguntasen si hemos vencido, podríamos decirles que hemos vencido en este o en aquel asunto. Podemos pensar que todo está bien. Pero la pregunta hoy no es cuántas cosas ya hemos vencido, sino si existe alguna que no hayamos vencido. Dios permite que algo permanezca en nosotros para mostrarnos que todavía hay alguna cosa que no podemos hacer.

El sábado por la noche vimos que según la evaluación que Dios ha hecho de nosotros, sólo merecemos ser crucificados. Dios entiende cabalmente que no podemos vencer el pecado y que nunca podemos hacer el bien. Pero aunque Dios dice que somos inútiles, seguimos pensando que somos útiles en alguna forma. Dios nos conoce muy bien, pero nosotros no nos conocemos a nosotros mismos. No importa cuán buenos digamos ser, Dios dirá que aún nos falta una cosa. El mal genio persigue a algunos permanentemente. La terquedad siempre sigue a otros. Quizás algunos no sean orgullosos ni envidiosos, pero su obstinación nunca los abandona. Todavía les falta una cosa. Siempre habrá alguna cosa que no podamos vencer. No tenemos el poder para vencer ese pecado. Quizás otras personas no sean orgullosas, celosas ni contumaces y tampoco se enojen fácilmente, pero se encuentran llenos de sus propias palabras; no pueden vivir sin estar hablando continuamente. Pueden gloriarse de no haber cometido este o aquel pecado, pero el Señor aún les dirá que les falta una cosa. Algunos son incapaces de soltar su dinero, aunque nunca llegan a cometer un pecado grave. Sin embargo, su pecado es la avaricia; es una mancha que permanece en ellos. Dios dice que todavía les falta una cosa. Aún queda algo porque Dios quiere demostrarnos que no podemos vencer. Tal vez deseemos llevar una vida perfecta, pero queda una cosa que da testimonio de que no la hemos alcanzado. Hermanos y hermanas, ésta es la primera condición: admitir que aún nos falta "una cosa". Para algunos es el orgullo, para otros puede ser la envidia, la locuacidad o los pensamientos impuros. Quizás otros tengan más de "una cosa".

Las palabras del Señor indican que al hombre le es imposible conseguir la salvación, recibir la vida, obtener la victoria y la vida abundante. Sin embargo, el joven no creyó en su incapacidad. Su respuesta fue bastante osada: "Todo esto lo he guardado desde mi juventud". ¡Cuán presuntuosa fue su respuesta! ¡Cuánta confianza en sí mismo se nota en estas palabras! El creyó tenerlo todo. Pero el Señor le dijo que aún le faltaba una cosa. Quizás un hombre diga que no tiene orgullo ni envidia ni obstinación ni locuacidad ni algún otro de los pecados ya mencionados; pero aún le falta una cosa. Si se fuese a casa y meditase un poco, podría ver que aún le falta una cosa.

DIOS DESEA QUE EL HOMBRE SE DE CUENTA DE SU INCAPACIDAD

Hermanos y hermanas, Dios ha concluido que nosotros

nunca lograremos nada. El ya determinó que somos incapaces. El ha discernido y ha visto que no podemos obtener nada.
Ya lo dijo. El asunto ahora radica en cómo responderemos
nosotros. Hermanos y hermanas, ¿por qué permite Dios que
caigamos tan frecuentemente después de haber sido salvos?
¿Por qué hemos estado fracasando constantemente desde el
día en que fuimos salvos hasta ahora?

Muchos hermanos me confiesan con lágrimas que no
pueden vencer este pecado o aquél. Hermanos y hermanas,
no crean que yo no comprendo sus frustraciones; sé que algún
pecado le ha venido molestando, pero doy gracias al Señor y lo
alabo porque ustedes no pueden superarlo. Usted se ha rendido; ha reconocido su derrota; Dios le mostrado que no puede
vencer. El no tiene necesidad de mostrarle muchos pecados.
Solamente lo deja ver uno solo, y éste será suficiente para
demostrarle que no puede vencer.

Quizás una hermana haya vencido toda clase de pecados,
mas no consigue vencer el pecado de la mentira. Miente en el
instante en que abre su boca. Cuando habla, salen mentiras
de su boca. Ella reconoce que éste es un pecado que no logra
vencer.

Otra hermana quizás no pueda vencer su mal genio. Ella se
enoja en el minuto en que es provocada. Inmediatamente después de enojarse confiesa su pecado; pero inmediatamente le
vuelve el mal genio. Cada vez que pierde la paciencia, sabe
que tiene que confesar su pecado; habiendo acabado de hacer
su enojo, éste vuelve a explotar. Esto la perturba mucho, pero
no encuentra otra cosa qué hacer. Ella continúa perdiendo la
paciencia una y otra vez.

Tal vez un hermano haya logrado vencer muchos pecados,
pero no logra vencer el pecado de fumar. Aunque es un buen
hermano, no puede vencer este pecado.

Otra hermana quizás venza toda clase de pecados, pero no
logra vencer el pecado de comer constantemente y a deshora.

¿Por qué los cristianos tienen experiencias diferentes?
Dios permite que estas cosas permanezcan en nosotros para
probarnos que nada podemos hacer. Pero a pesar de que Dios
dice que nada podemos lograr, nosotros seguimos insis-
tiendo en tratar de lograr algo. A pesar de que Dios dice que

no tenemos esperanza, nosotros seguimos pensando que tenemos esperanza. Necesitamos ver que todas nuestras decepciones y fracasos, y todas nuestras penosas derrotas son usadas por Dios para mostrarnos que no podemos. Es así como Dios nos pregunta si ya nos dimos cuenta de que hemos fracasado lo suficiente. El nos demuestra de este modo que jamás lograremos vencer. El permite que fracasemos una, dos, diez veces y aun veinte veces, para que veamos que no podemos hacer nada. El permite que constantemente fracasemos a fin de mostrarnos nuestra incapacidad. El nos permite tener estas experiencias para que reconozcamos delante de El que no podemos vencer. El primer paso para obtener liberación es reconocer que no podemos lograrlo. Para que una persona pueda ser salva, debe primero reconocer su incapacidad. De la misma manera, para poder vencer, también debe reconocer su incapacidad. Una vez que lleguemos a este punto, Dios podrá comenzar a obrar. Desafortunadamente, el joven rico que se acercó a Jesús, se fue desilusionado. Es una lástima que se hubiese alejado triste a pesar de haber visto su incapacidad.

¿Por qué dio Dios la ley al hombre? No necesitamos examinar todas las leyes que Dios ha dado en estos cuatro mil años. Sólo necesitamos observar los diez mandamientos que Dios dio a los israelitas en el monte Sinaí. ¿Cuál fue el propósito de estos mandamientos? Dios les dio los diez mandamientos a los israelitas, no para que los guardaran, sino para que los quebrantaran. ¿Qué significa esto? Dios sabe que el hombre no puede guardar la ley y también conoce que todos somos pecadores. Sin embargo, el hombre se niega a aceptar el juicio de Dios. Sólo cuando una persona fracase después de intentar cumplir la ley, reconocerá que es pecadora. El libro de Romanos nos dice que Dios dio la ley al hombre para que éste la quebrantara, no para que la guardara. Cuando el hombre llega a comprender que no puede guardar la ley, viene a ser subyugado y se humilla. Dios invirtió cuatro mil años en ayudar al hombre a ver que no puede lograr nada. Después envió a Cristo para que el hombre lo recibiera y fuera salvo por El.

En estos últimos dos mil años, muchos pecadores han sido salvos. Fuimos salvos a pesar de que éramos pecadores. Esto debería ser suficiente para habernos humillado; pero no sé si esto ha mejorado en algo su mal genio o su orgullo. Es posible que haya habido algo que llamemos mejora, pero en realidad es represión. Anteriormente su mal humor se manifestaba externamente; ahora queda reprimido adentro. Antes, nuestro orgullo se manifestaba exteriormente; ahora lo reprimimos. Pero cuando la represión llegue a cierto punto, no podremos reprimirnos más, y todo quedará fuera de control. Dios nos muestra que no podemos lograr nada. Nos dice que nadie puede poner fin a sus pecados. Mientras haya alguna cosa que el hombre no pueda hacer, su incapacidad quedará de manifiesto.

Hermanos y hermanas, somos inútiles. Para poder recibir liberación de parte de Dios, lo primero que debemos hacer es reconocer que no podemos hacer nada y no intentar nada. Tenemos que decirle a Dios: Dios, me rindo ante Ti. Estoy acabado. Ya no lucharé". Esto es lo que significa rendirnos. Hermanos y hermanas, la primera condición para obtener liberación es decir: "No puedo lograr nada. No trataré de luchar más, ni seguiré peleando. Antes yo había tratado de dejar mi orgullo un poco, mas ahora Señor, no tengo intención de cambiarme a mí mismo. Anteriormente procuré cambiar un poco mi mal genio; pero Señor, ya dejaré de intentarlo. Creí haber corregido mi lengua, pero ya no lo seguiré intentando. No puedo hacer nada. No trataré de cambiarme a mí mismo. Me doy por vencido".

ENTREGARSE SIGNIFICA SOLTAR

Hermanos y hermanas, ¿qué sucede cuando vemos que el Señor murió en la cruz por nosotros? ¿Qué sucede cuando creemos? Inmediatamente dejamos de tratar de hacer el bien. Somos salvos tan pronto creemos. Igualmente cuando vemos que el Señor nos ha llevado a la cruz, y nos ha crucificado allí, cesamos de luchar y no tratamos de mejorar. Una vez que creemos que el Señor está en nosotros y que vence en nuestro lugar, detenemos nuestras obras y permitimos que Dios nos rescate. Decimos: "Señor, nunca mejoraré y tampoco tengo la intención de intentarlo. No haré nada de hoy en adelante. No tomaré el control ni me preocuparé por nada. Soltaré todo a partir de hoy, y los problemas ya no serán míos". Hermanos y hermanas, esto es lo que significa rendirnos. Esto es lo que significa soltar.

Algunos han dicho que soltar es muy difícil. Al llegar la tentación deben sostener una pelea, y al comenzar a enojarse, piensan que deben luchar. Una vez que se proponen hacer algo y fracasan, piensan que sólo tienen que tomar una decisión más firme la próxima vez. Sin embargo, otra determinación traerá otra derrota, y una nueva promesa sólo traerá consigo otra promesa quebrantada. Cuanto más determinaciones tomemos, más fracasaremos. Si la primera decisión no fue lo suficientemente firme, aunque la segunda lo sea más, tampoco traerá resultados. Romanos 7 describe esto muy detalladamente: "Porque el querer el bien está en mí, pero no el hacerlo" (v. 18). Ninguna promesa que hagamos sirve para nada, porque no hemos soltado. Aún seguimos administrando nuestros propios asuntos; no podemos decir que fuimos crucificados juntamente con Cristo ni que ya no vivimos nosotros. Soltar significa morir, renunciar; significa abandonar todo esfuerzo por tomar control y olvidarnos del asunto. Cuando ya no seamos capaces, Dios podrá obrar. Por tanto, la primera condición es soltar los asuntos.

Había en Tientsin un hermano de apellido Lee, que me preguntó una vez cómo podía soltar las cosas. Dijo que no podía renunciar ni soltar; ¿qué debía hacer? Le pregunté qué hacía en su empresa, y me dijo que era gerente del departamento de textiles. Le pregunté qué haría si el gerente general le dijera que el mes entrante no lo necesitaría más en la empresa, y desde entonces quedaría despedido. El respondió que lo único que podía hacer sería renunciar. Luego le pregunté: "Suponga que al mes siguiente llega el nuevo gerente y usted le entrega todo a él. ¿Qué haría si un comprador se acercara a usted y le preguntara qué clase de tela nueva tiene? ¿Qué precio tiene? ¿Cuánto juzga que subirá el precio en dos días?". El hermano respondió: "Si esto sucediera unos pocos días antes de la llegada del nuevo gerente, trataría de hacer los cálculos pertinentes para determinar lo que la compañía tiene en bodega y cuánto necesitaríamos almacenar. Pero si ya hubiese entregado todo al nuevo gerente, no tendría que hacer nada. Todo lo que podría hacer sería ver a los demás trabajar". Esto es lo que significa soltar y rendirnos. Esto es lo que significa estar crucificados con Cristo. Debemos decirle al Señor: "No renuncio porque sea capaz; renuncio porque no puedo tolerar más esto. No soy capaz de hacer nada; no logro manejar las cosas. Es por esto que tengo que renunciar. Mi mal genio persiste; mi orgullo aún está presente; mi obstinación y mi envidia todavía están conmigo. No puedo hacer nada al respecto. Lo único que me resta por hacer es rendirme y renunciar. Sólo puedo decir que en lo sucesivo todo queda en Tus manos". Sin embargo, cuando aparezcan "posibles compradores", no debemos alarmarnos. Hay muchos "compradores" que vienen cada día a ofrecernos sus productos. Lo único que debemos hacer es dejar todo en las manos del Señor. No debemos preocuparnos ni tratar de hacer nada. Esto es lo que significa vencer; esto es lo que significa rendirse.

SATANAS TRATA DE INDUCIRNOS A ACTUAR

¿Sabe usted lo que es la tentación? Un hermano una vez dijo que siempre era tentado a airarse; otro hermano decía que era tentado a ser obstinado; otro decía que era tentado continuamente por pensamientos impuros, y otro se quejaba de que era tentado por su lengua precipitada. Parece que existieran mil clases de tentación para mil diferentes clases de personas. Pero en realidad sólo existe una única tentación en el mundo. Creemos que las tentaciones nos conducen al mal genio, al orgullo, a la avaricia o al adulterio. Pero para Satanás sólo hay una tentación: la tentación de incitarnos a hacer algo. Satanás no trata de inducirnos a perder la paciencia ni a que seamos orgullosos, avaros ni adúlteros. El nos tienta a que nos movamos. Si él logra movernos, prevalecerá sobre nosotros. No importa cómo nos movamos. Si él logra iniciar en nosotros algún movimiento, ya hemos fracasado. En el momento en que nos movamos, él podrá ganar la victoria sobre nuestra oración y sobre nuestra lectura de la Palabra. Quisiera poder decirles esto con lágrimas en mis ojos. No debemos movernos. Tan pronto como nos movamos, seremos derrotados. Podemos luchar contra Satanás y podemos pelear contra él y resistirlo; pero en el momento en que nos movamos, él habrá obtenido

LA ENTREGA

total victoria. Debemos entender que la clave de nuestra victoria es permanecer firmes, no tomar el control. Una vez que tratemos de manejar la situación, fracasaremos. Hermanos y hermanas, esto es lo más asombroso. Dios desea hacernos a un lado para permitir que Su Hijo venza por nosotros.

Gálatas 5:17 dice: "Porque el deseo de la carne es contra el Espíritu, y el del Espíritu es contra la carne; y éstos se oponen entre sí; para que no hagáis lo que quisiereis". Este versículo no dice que nosotros nos oponemos a nuestros deseos ni que nuestros deseos se oponen a nosotros, sino que el deseo de la carne es contra el Espíritu, y el del Espíritu es contra la carne. Nosotros no desempeñamos aquí ningún papel. Estos dos partidos se oponen el uno al otro. ¿Qué significa esto? Un hermano se lamentaba una vez porque sus únicos deseos eran el pecado y la impureza; no podía evitarlo. Pero en realidad es la carne la que lucha contra el Espíritu, y el Espíritu el que se opone a la carne. Nosotros no tenemos parte en esta batalla. Es así como Dios nos libra. Si nos hacemos a un lado y dejamos que el Espíritu luche contra nuestros deseos, y los deseos contra el Espíritu, experimentaremos liberación.

Cuando fui salvo, escuché la historia de una jovencita que conocía bien el significado de la victoria. Durante la convención de Keswick, un hombre le preguntó cómo vencía cuando el diablo venía a ella. Ella respondió: "Antes, cuando el diablo tocaba a mi puerta, le decía: '¡No entres, no entres!'. Pero todo esto terminaba en derrota. Ahora cuando el diablo toca a mi puerta, digo: 'Señor, abre Tú la puerta'. Cuando el Señor abre la puerta, el diablo el dice: 'Lo siento. Creo que me equivoqué de puerta'. Luego sale corriendo".

Cuando somos tentados y decimos: "Señor, sálvame, aquí viene otra vez más la tentación". El diablo entrará aún antes de abrir la puerta. Tenemos que dejar que el Señor se haga cargo por completo del asunto. Cuanto más oremos, más desesperados estaremos; y cuanto más repitamos nuestra oración, más difícil se nos hará soltar el asunto. Un hermano dijo una vez que cuando Pedro se hundía en el agua, solamente clamó: "¡Señor, sálvame!". Soltar es orar usando una frase corta. Si uno continúa diciendo "Señor, sálvame..." cinco o diez veces, ya habrá sido derrotado. A esta clase de oración la llamo, la oración del ahorcado. Esto es como una persona que sigue tratando de ahorcarse una segunda y aún una tercera vez después de fracasar en el primer intento. Cuando una persona ora repetidas veces así, demuestra que aún no lo ha soltado todo. Trata de echar mano de la victoria con sus oraciones; trata de vencer con sus propias fuerzas. El resultado será invariablemente el fracaso. Si deja de orar tanto, todavía tendrá la posibilidad de vencer. Recuerden que Satanás trata de hacer que nos movamos. Mientras nos movamos, inclusive en nuestra oración, él obtendrá lo que quiere.

Suponga que usted pierde la paciencia cada vez que lo provocan. ¿Qué haría hoy? ¿Qué haría si alguien continuara provocándolo con sus palabras y la provocación se volviera cada vez peor? "Señor, no tomaré el control de este asunto; mi mal genio ya no es responsabilidad mía; la victoria es Tu responsabilidad. No puedo controlar mi mal genio. Señor, Tú debes hacerte cargo de esto". Si usted puede decir esto, en verdad habrá soltado el asunto. El Señor tomará el control, y usted manifestará la paciencia de El. Podrá darle gracias y alabarlo, diciendo: "Señor, ya no quiero responsabilizarme de esto". Pero si piensa que no puede soportar más la provocación, y ora: "Señor, líbrame porque estoy a punto de perder la paciencia". Quince minutos le parecerán quince horas. Aunque tal vez no se llegue a enojar exteriormente, estará ardiendo por dentro. Esto no es victoria. Satanás no necesita que usted pierda la paciencia de modo exagerado. Todo lo que tiene que hacer es moverse un poco, y él obtendrá la victoria.

Vencer significa no moverse. Vencer es no hacer caso de la situación y darle la espalda. Si no se mueve, hace la situación a un lado y se aleja, estará soltando el asunto. La victoria no tiene nada que ver con usted. Usted ya está muerto; es Cristo quien vence por usted. La victoria significa que usted muere y Cristo vive.

Recientemente en Chefoo muchos hermanos y hermanas descubrieron la experiencia de vencer. Una hermana había tenido un pasado difícil. Había sido maltratada por su esposo y por su suegra. Ella soportaba esto, pero no vencía. Después de escuchar mi predicación sobre la vida vencedora, recibió la palabra. Pero después de dos días vino y me preguntó cómo podía soltar las cosas y ponerlas en las manos del Señor. Traté de explicárselo, pero no pudo entender. Finalmente le pedí al Señor que me diera un ejemplo apropiado. Así que le dije: "Hermana, ¿alguna vez ha ido en coche a la casa de un amiga?". Respondió que sí. "Suponga que usted llega a la casa de su amiga y mientras le paga al cochero, llega su amiga y trata de pagar por usted. Aunque usted va a pagar, su amiga insiste y paga. Suponga que al tratar de devolverle el dinero, ella no lo acepta y se lo devuelve. ¿Alguna vez ha estado en una situación semejante?". Ella dijo que sí. Luego proseguí: "Suponga que su amiga le pagó veinte centavos al cochero, y el hombre los recibió y se marchó. Puesto que usted no quería que su amiga pagara, le puso el dinero en la mano. Pero al salir usted, ella vuelve a poner el dinero en la palma de su mano. Después de repetirse varias veces esta escena de tomar y recibir, decide dejar el dinero en el suelo y se despide de su amiga. Pero después, se queda pensando si su amiga habrá tomado el dinero; piensa qué sucedería si no lo toma y que tal vez en lugar de ella, otra persona de la calle lo haya tomado. Finalmente se queda pensando que el cochero o un niño lo podría tomar. Por lo tanto usted mira hacia atrás para ver si su amiga lo tomó. Al ver que su amiga no lo ha tomado aún, da la espalda de nuevo, pero sigue mirando con disimulo. Mientras usted siga mirando disimuladamente, su amiga nunca tomará el dinero. Pero si usted abandona el dinero en el suelo y le dice: 'Ahí queda el dinero; tómalo', y sale corriendo sin mirar hacia atrás, probablemente su amiga lo tomará". Después de darle este ejemplo, ella entendió y pudo experimentar la vida vencedora.

Esta es la manera en que muchas personas le entregan sus asuntos al Señor. Por un lado, dicen haber entregado todo a Dios; pero por otro, están intranquilos en su corazón; siguen mirando atrás. Mientras usted tome el control, Él no lo tomará, sino que se lo dejará a usted. Si deja de tomar el control, entonces Él lo hará y asumirá toda la responsabilidad. Si desea seguir tomando el control, será asunto suyo reprimir su mal genio y tendrá que hacerlo todo por su cuenta. ¿Qué significa rendirse? Significa dejar el dinero en el suelo, dar la espalda y marcharse. Significa hacer caso omiso de la situación sin importarle si un niño, el cochero o alguna otra persona toma el dinero. Deje de preocuparse y no se responsabilice de ello. Sólo necesita decirle al Señor: "Señor, te entrego todo a Ti. De ahora en adelante no me importa si soy malo o bueno". Una vez que se entregue a Dios de esta manera, Dios tomará lo que usted le haya entregado. Todo lo que debemos hacer es entregarle al Señor lo que tenemos.

Primero tenemos que abandonar las cosas para que Dios recoja lo que ya abandonamos. Sin embargo, siempre esperamos que Dios recoja antes de que nosotros soltemos el asunto. Pero Dios desea que nosotros soltemos el asunto antes de recogerlo El. Yo le dije al hermano que mencioné antes, que si su jefe decidiera despedirlo el primer día del siguiente mes, y que si un nuevo gerente fuese contratado, tendría que entregarle todo a él. Durante este período de transición, él asumiría solamente la mitad de la responsabilidad y la otra persona, la otra mitad. Durante esa transición, tanto el antiguo como el nuevo gerente se encuentran presentes a la vez. Pero en el caso de Dios, o El toma todo o no toma nada. El nunca tomará la mitad, dejando la otra mitad a nuestro cargo. Nosotros tenemos que renunciar el día treinta y uno, y Dios asumirá el cargo en el día primero. Si tratamos de renunciar gradualmente, Dios nunca tomará el control.

Uno de nuestros mayores pecados es tener un corazón incrédulo. Tratamos de controlarnos y reprimirnos todos los días. Somos nosotros los que nos controlamos y nos reprimimos. Nos preocupa qué sucedería si no nos reprimiéramos o si dejáramos de tomar el control. Al predicarle el evangelio a un incrédulo, le decimos que ya no tiene que preocuparse de nada, porque Cristo murió por él, y que sólo necesita creer, y recibirlo todo. De la misma forma, fuimos crucificados con Cristo, y El ahora vive en nosotros. Damos gracias a Dios y lo alabamos porque Cristo es nuestra Cabeza y nosotros somos Sus miembros. Cristo es la vid y nosotros Sus pámpanos. El es nuestra vida y nuestro todo. Una vez que seamos quitados de en medio; una vez nos rindamos, renunciemos y nos hagamos a un lado, Cristo comenzará a tomar el control.

Si un incrédulo trata de ponerse fin a sí mismo, el diablo vendrá a morar en él. Dice: "Volveré a mi casa de donde salí; y cuando llega, la halla desocupada, barrida y adornada. Entonces va, y toma otros siete espíritus peores que él, y entrados, moran allí" (Mt. 12:44, 45). Para los creyentes es como el caso de dos familias bajo un mismo techo. Cuando una de ellas se mude, la otra seguirá allí. Si un hombre no es salvo, no será victorioso aunque desista de todas sus obras. Pero si es salvo, el Señor le concederá plena victoria tan pronto cese de sus obras. Una vez que el yo sale, viene la victoria. Una vez que nos mudemos, venceremos. Renunciar y soltar significa deshacernos de nosotros mismos y mudarnos a otro lugar. Esto es lo que significa rendirse incondicionalmente.

En el libro *The Christian's Secret of a Happy Life* [La clave de una vida cristiana feliz], se encuentra la historia de un cristiano que descendía a un pozo seco. En el borde del pozo había una soga, y el hombre lo utilizó para descender. Pero repentinamente, llego al fin de la soga. Quería llegar hasta el fondo, pero no sabía a que profundidad estaba. Pensó en regresar de nuevo y salir del pozo, pero ya no le quedaban fuerzas. Lo único que podía hacer era agarrarse con firmeza de la soga y gritar pidiendo ayuda. Pero como el pozo quedaba en un desierto y él se hallaba en el fondo, nadie vino en su ayuda. Muy pronto quedó sin voz, llegó al final de sus fuerzas y no pudo aferrarse más. Así que oró: "Dios, que pueda caer en la eternidad". Después de proferir estas palabras se soltó y cayó; mas sólo fue una caída de tres pulgadas. Aquellos que piensan que caerán en el abismo, cuando se suelten, descubrirán que han caído sobre la Roca eterna, y no en la eternidad. Hermanos y hermanas, ¡suéltense! ¡Suéltense! La primera condición para experimentar la vida vencedora es soltarse. De ahora en adelante no necesitamos seguir tomando las riendas. Esto quiere decir que a partir de hoy usted vencerá. Renunciar trae la victoria.

Recientemente en Chefoo una hermana oyó que había dos condiciones para experimentar una vida vencedora: rendirse y creer. Yo le pregunté si ella había vencido. Ella tenía la costumbre de ir a orar siempre a la montaña, y respondió: "Subí hoy a la montaña y cavé otra tumba para mí y enterré otra cosa". Le pregunté por algunas cosas y respondió en todos los casos de la misma forma. Sabía que ya había eliminado muchos pecados difíciles, pero aún no estaba satisfecha. Oré por ella, pero esto no tuvo mucho efecto en ella. Un día pedí a Dios que me diera palabras para ayudarla a vencer. Llegó la ocasión un día en que ella tocaba un himno. Le pregunté cómo estaba, y de inmediato rompió a llorar. Me dijo que había vencido muchos pecados, pero que no podía vencer el pequeño pecado de comer a deshora constantemente. Para otros esto podría ser de poca importancia, pero para ella era simplemente un pecado. Cuando dijo esto, me reí y le dije: "Esto es maravilloso. No puede haber nada mejor". Ella dijo: "Usted dijo que la condición para recibir la vida vencedora es primeramente rendirse y que la segunda condición es creer. Pues no puedo rendirme, ni tampoco puedo creer". Así que le dije: "¿Por qué entonces no desiste de tratar de rendirte y de creer?". Ella respondió: "Pero ¿no dijo usted que la primera condición es rendirse y después creer? No puedo rendirme ni creer, ¿qué debo hacer?". Le dije: "Simplemente no siga rindiéndose y creyendo. ¿Qué significa rendirse? Rendirse es soltar las cosas. Soltar las cosas no es un trabajo, pero usted lo ha convertido en un trabajo. Creer tampoco es un trabajo, pero usted ha hecho que se convierta en un trabajo. Si no puede rendirse ni creer, simplemente quédese como está. No hay necesidad de que trate de enmendarse ni tampoco es necesario que suelte. Es cierto que la condición para vencer es rendirse y creer; pero usted ha hecho de rendirse y creer una fórmula para alcanzar victoria. Esto no funcionará. Simplemente suelte todo por completo. No es necesario que haga nada. Ni siquiera es necesario que usted suelte o crea. Si puede pronunciar una alabanza, entonces hágalo; y si no puede, no hay necesidad de que lo intente. Si puede venir delante del Señor, entonces hágalo. Venga delante de El, no importa si está viva o muerta. Esto es todo lo que necesita hacer. Esto es lo que significa soltar". Hermanos, somos demasiado complicados. Dios dice que no tenemos que hacer nada, pero aún queremos seguir haciendo muchas cosas. Muchos hermanos y hermanas dicen haberlo soltado todo, pero han convertido esta acción en una especie de trabajo. Luchan constantemente entre soltar y no soltar. Así que siguen ejerciendo su propia fuerza. Soltar las cosas significa que uno ya venció. Esto es la victoria. Después de que la hermana escuchó mi palabra, quedó confundida durante tres días. La luz fue demasiado fuerte para ella y quedó confundida. Pero después de estos tres días, logró vencer. ¿Hay alguna cosa que no puedan vencer? Esta hermana tenía una sola cosa que no podía soltar, pero el Señor le dio la victoria.

NUESTRA DEBILIDAD ES NUESTRA GLORIA

En 2 Corintios 12:9 dice: "Y me ha dicho: Bástate Mi gracia; porque Mi poder se perfecciona en la debilidad. Por tanto, de buena gana me gloriaré más bien en mis debilidades, para que el poder de Cristo extienda tabernáculo sobre mí". Esto nos muestra que no sólo debemos considerarnos débiles, impotentes e incapaces, sino que también debemos regocijarnos en nuestra debilidad, impotencia e incapacidad. ¿Dice acaso este versículo que debemos lamentarnos por nuestras debilidades? No. Dice que debemos regocijarnos por nuestras debilidades y que además debemos gloriarnos en ellas. ¿Qué significa gloriarnos en nuestras debilidades? Todo el mundo se lamenta por sus debilidades, pero los vencedores se glorían en ellas porque tienen fe.

¿Creen ustedes que tienen problemas? ¿Les parece que tienen fracasos? Necesitan ver que sus problemas y fracasos son una bendición; el fin de ellos es ayudarlo a vencer.

Una vez conocí en Chefoo a un médico que había sido salvo por tres o cuatro años. Había servido en el ejercito por más de diez años. Tenía el porte de un soldado; era directo y franco. No había duda de que era salvo. Sin embargo, tenía el hábito de fumar, lo cual no había sido un problema mientras estuvo en Manchuria, pero al venir a Chefoo, las cosas se le hicieron difíciles. Había entre setenta y ochenta personas en la iglesia y Chefoo era un pueblo pequeño. El único lugar donde podía fumar era en su casa, pero ni allí podía hacerlo abiertamente porque su esposa también era una hermana. En el hospital en donde trabajaba, algunas de las enfermeras también eran hermanas. Por un lado deseaba fumar, pero por otro, se sentía avergonzado. Al escuchar que se acercaba alguien, se apresuraba a apagar el cigarrillo. Si fumaba en la calle, tenía que mirar primero a su alrededor para ver si había rostros familiares. No podía dejar de fumar, y sin embargo le era doloroso seguir haciéndolo. No sabía qué hacer. Después de una de mis reuniones, vino y acordó una cita para verme a las nueve de la mañana del día siguiente. Me dijo que tenía cosas muy importantes que decirme. A la mañana siguiente, vino y me contó toda su historia. Me dijo que había estado fumando por más de diez años, y que no podía dejar el cigarrillo. ¿Qué debía hacer? Mientras él hablaba, yo miraba al techo y me reía. El dijo: "Señor Nee, éste es un asunto serio". Le dije que sabía que se trataba de algo serio. Me dijo que no podía hacer nada al respecto. Le dije: "Es maravilloso que usted no pueda hacer nada al respecto. Nada es mejor que el hecho de que usted no pueda hacer nada". Me preguntó por qué, y le dije: "Me gozo porque solamente el Señor puede resolver este asunto. Ni usted ni yo podemos hacer nada al respecto. Su esposa no puede hacer nada, ni los hermanos tampoco. Con un paciente tan ideal, el Señor Jesús tendrá buen trabajo por hacer en Su clínica". Me dijo que no era un asunto trivial no haber podido hacer nada durante más de diez años. Yo estuve de acuerdo, pero le dije: "Puede ser difícil para usted, pero no hay nada difícil para el Señor. El puede cambiar la situación en un abrir y cerrar de ojos". Continué diciéndole: "Doctor Shi, usted es un buen médico, y yo tengo buena salud. Por lo tanto, ni usted me necesita a mí ni yo a usted. Si usted desea mostrar sus habilidades en mí, primero tengo que enfermarme; y no de algo común, sino de una enfermedad grave. Cuanto más grave sea mi condición, mejor podrá demostrar su habilidad. Hoy el Señor Jesús está aquí. El puede sanar lo que usted, doctor Shi, no ha podido". Me preguntó qué quería decir con esto, así que le cité 2 Corintios 12:9: "Bástate Mi gracia; porque Mi poder se perfecciona en la debilidad. Por tanto, de buena gana me gloriaré más bien en mis debilidades, para que el poder de Cristo extienda tabernáculo sobre mí". Era bueno que él deseara dejar de fumar, y era maravilloso que no pudiera lograrlo. Pero aún así, no lograba entender las palabras de 2 Corintios 12:9. Era maravilloso que no pudiera dejar de fumar. No habría sido tan maravilloso si él no fumara, porque 2 Corintios dice que el poder de Cristo sólo se perfecciona en la debilidad. Le dije: "Para usted es malo fumar. Pero para Dios su impotencia en cuanto a dejar de fumar es algo maravilloso". El quedó confundido y me miró fijamente. Le dije: "Nunca piense que su hábito de fumar es lamentable o que es algo desafortunado. Usted tiene que decirle al Señor: 'Te agradezco y te alabo porque fumo. Te doy gracias y te alabo porque no puedo dejar de fumar. Pero te doy gracias y te alabo porque Tú puedes hacer que deje de fumar y porque puedes ayudarme a dejar de hacerlo'". El preguntó con incredulidad: "¿Puede Dios realmente hacer esto?". Le respondí: "Por supuesto que puede". Entonces oramos juntos. Primero yo hice una oración breve, y después él continuó la oración. Tenía fe, y su oración tenía el tono de un típico soldado. Habló en una manera sincera: "Dios, te doy gracias y te alabo porque fumo. Señor, te doy gracias y te alabo porque no puedo dejar de fumar. Señor te agradezco y te alabo porque Tú puedes dejar de fumar por mí". Después de orar y aún con lágrimas en los ojos, se puso su sombrero y se alistó para salir. Le pregunté: "Doctor Shi, ¿seguirá usted fumando?". Respondió: "Yo, Tsai-lin Shi, no puedo dejar de fumar; pero Dios sí puede hacerlo por mí". En ese momento supe que no tendría problemas. En la noche me sentí preocupado por él, y le pregunté a los que estaban en el hospital que había sido de él. Me enteré de que todo andaba bien. A la mañana siguiente, le pregunté de nuevo y su respuesta fue igual. Todo iba bien. Al encontrarme con él en la tarde, me dijo que había estado hablando con su esposa. Su esposa se había quejado por más de diez años de su hábito de fumar, y aún así, él nunca había podido vencer ese vicio. Después de hablar con Dios, su hábito de fumar desapareció en menos de media hora. El dijo: "No fumé ayer, y tampoco he fumado hoy". Cuando se marchaba, le pregunté de nuevo: "¿Cree usted, doctor Shi, que puede dejar de fumar?". El respondió que no. Le pregunté: "¿Qué hará entonces?". Me dijo: "El Señor dejará de hacerlo por mí". Al escuchar sus palabras me fui tranquilo.

Hermanos y hermanas, no crean que ustedes pueden cambiar. Dentro de cinco años ustedes todavía seguirán perdiendo la paciencia. La victoria radica en que Cristo vive por usted. Usted puede declarar: "Te doy gracias Señor y te alabo porque no puedo lograrlo, pero Cristo sí". Desearía decirle esto a todo el mundo. No le tengo miedo al mal genio; no me amedrenta una personalidad fuerte; tampoco le temo al orgullo desmedido. Sólo temo a aquellos que no ven su propia incapacidad, y que no ven que Cristo es capaz. Es bueno que ustedes alaben a Dios por su victoria; pero también deben alabarlo por sus debilidades. Sus debilidades tienen la función principal de manifestar el poder de Cristo. Doy gracias a Dios de que Watchman Nee es totalmente corrupto. Le doy gracias a Cristo porque Su poder puede una vez más ser perfeccionado en mí. Le digo al Señor que no hay nada bueno en mí y que no tengo ni santidad, ni paciencia ni calma. Doy gracias al Señor y le alabo porque no tengo ninguna de estas cosas y porque tampoco me esfuerzo por tenerlas. "Oh Señor, desde ahora te lo entrego todo. Desde ahora es Tu Hijo el que vencerá por mí". Si usted hace esto, inmediatamente vencerá. Usted puede vencer en menos de un minuto; es más, en menos de un segundo.

IMPOSIBLE PARA EL HOMBRE, MAS POSIBLE PARA DIOS

Lucas 18 nos muestra un joven rico que no pudo vencer; mientras que Lucas 19 nos muestra a Zaqueo, quien logró la victoria. "He aquí, Señor, la mitad de mis bienes doy a los pobres; y si en algo he defraudado a alguno, se lo devuelvo cuadruplicado" (v. 8). El obtuvo la victoria en ese instante. Zaqueo logró hacer lo que el joven rico no pudo. Lucas 18 nos muestra que para el hombre es imposible, mientras que Lucas 19 nos muestra que para Dios todo es posible. El hombre de edad avanzada de Lucas 19 pudo hacer lo que el joven de Lucas 18 no pudo. En Lucas 18 el joven no pudo hacer lo que el Señor le dijo que hiciera. En Lucas 19 el Señor no tuvo que decirle mucho al hombre viejo, y aún así, éste creyó. El joven rico no pudo lograr nada, porque no creyó en Dios. El viejo y toda su casa eran hijos de Abraham; ellos tenían fe, y la salvación llegó a aquella casa. Esta fue obra de Dios.

Hermanos y hermanas, tenemos que agradecer y alabar al Señor pues no podemos amar ni perseverar ni humillarnos ni ser mansos. Pero no hay ni un solo versículo en la Biblia ni una sola palabra de Dios que diga que debemos llevar una vida que nosotros podemos vivir, ni que debamos hacer lo que nosotros podemos hacer. Dios siempre nos pide que hagamos lo que no podemos hacer y nos pide que llevemos una vida que nosotros no podemos vivir. Cada mañana al despertarme, doy gracias a Dios porque es un día más que Él tiene para realizar Sus milagros. En la noche vuelvo a darle gracias y lo alabo de nuevo por los milagros que hizo ese día. Hoy Dios me está capacitando para soportar lo que yo no puedo; para amar lo yo no puedo amar; para hacer lo que yo no puedo hacer, y para actuar de una forma que yo no puedo. Démosle gracias al Señor y alabémosle. Todos los días podemos experimentar las palabras: "Lo que es imposible para el hombre, es posible para Dios".

CAPITULO SIETE

CREER

Lectura bíblica: Gá. 2:20; He. 11:1

PARA VENCER TENEMOS QUE CREER

Leamos Gálatas 2:20 y Hebreos 11:1. En los días anteriores, vimos que la vida vencedora es sencillamente Cristo mismo. La vida vencedora no consiste en una mejora ni en un progreso que logremos nosotros, ni se trata de un esfuerzo por llegar a ser como Cristo. La victoria es Cristo, quien vive en nosotros. En otras palabras, es Cristo, quien vence en nuestro lugar. El murió por nosotros en la cruz a fin de salvarnos. Hoy El vive en nosotros a fin de vencer por nosotros. Ya vimos las condiciones para vencer. La primera condición es rendirse y la segunda es creer. Creemos que el Hijo de Dios vive en nosotros y que vive Su victoria desde nuestro interior. Vimos lo que significa rendirnos; veamos ahora lo que significa creer. Temo que muchos ya se hayan rendido, pero aún no son victoriosos porque todavía no han creído. Así que debemos recordar que no podemos vencer si no creemos, aunque ya nos hayamos rendido. Rendirnos se relaciona con el aspecto negativo; pero aún necesitamos creer, que es el aspecto positivo. Si por un lado nos rendimos, y por otro creemos, venceremos.

Hubo una vez un hermano de Chefoo que fue a Shanghai. Empezó a decir que a pesar de haberse rendido, aún no había vencido. Seguía sintiéndose tan mal como antes. Hasta se había enojado en el trabajo. Yo le dije que rendirse no equivalía a vencer; porque rendirse sólo se relaciona con el aspecto negativo. Creer es igual de importante. El recibió esta palabra, y finalmente logró vencer. En la reunión anterior, él alabó a Dios y proclamó que por primera vez no tenía nada de que jactarse y que todo provenía de Dios.

Hermanos y hermanas, recuerden que la condición para obtener la victoria no es meramente rendirnos. Uno no vence meramente rindiéndose. Después de rendirnos tenemos que creer de manera específica. Una vez que nos rindamos y creamos, venceremos. ¿Cuál fue la experiencia de Pablo? ¿Cómo logró vencer? Primeramente se rindió. El dijo: "Con Cristo estoy juntamente crucificado". El ya había experimentado lo que era: "Ya no vivo yo"; pero añadió: "Y la vida que ahora vivo en la carne, la vivo por fe, la fe del Hijo de Dios". Esto significa que Pablo creía que Cristo vivía en él, y que lo amaba y se había entregado por él.

Aunque muchos ya se han rendido, todavía no han vencido porque no han creído. Si no creen, no habrá resultados. Examinemos el significado de la fe, mas no detalladamente. Sólo discutiré este asunto brevemente. Daré especial énfasis a la relación estrecha que existe entre la fe y la victoria.

CREEMOS EN LOS HECHOS DE DIOS

Todo lo que Dios ha logrado a nuestro favor se halla en la Biblia. Dios lo ha logrado todo por nosotros. En nuestra conferencia de enero del año pasado, hablamos de tres cosas que Dios nos ha dado: primeramente, Dios nos dio Su pacto; en segundo lugar, tenemos los hechos que Dios realizó por nosotros, y en tercer lugar, tenemos las promesas que El nos dio. Estas tres cosas incluyen la obra de Dios a nuestro favor. Ya mencionamos estas tres cosas cuando tocamos el tema del nuevo pacto. Hoy no hablaré mucho acerca de ellas. Una promesa es algo que Dios hará por nosotros; es algo que sucederá en el futuro. Un hecho es algo que Dios ya logró en Cristo; es algo que ya realizó. Hoy hablaré de lo que Dios ya efectuó y de Su promesa.

Muchas personas no saben lo que es un hecho cumplido por Dios. El Señor Jesús murió por todos los hombres en la cruz; El murió por todo el mundo. Este es un hecho que Dios ya cumplió. Pero, ¿cuántas personas son salvas? Solamente las que creen. Puesto que Cristo murió por todo el mundo, ¿es acaso insignificante que la persona crea? ¿Es una persona salva, ya sea que crea o no? ¿Da igual que una persona crea o no, puesto que Cristo ya murió por todos y puesto que esto es un hecho para Dios? Esto es lo que muchos cristianos piensan cuando dicen que Cristo vive en ellos. Cristo es la Cabeza, y nosotros somos Su Cuerpo. La manera en que la Cabeza siente, controla, administra y asume responsabilidad debe ser la misma manera en que los cristianos sienten, controlan, administran y asumen responsabilidad. ¿Cuántos cristianos hoy ven que el Señor Jesús es la Cabeza? ¿Es Cristo el que siente, o somos nosotros? ¿Es El quien rige o somos nosotros? ¿Es El quien administra o somos nosotros? ¿Es Cristo quien se hace cargo, o lo hacemos nosotros? ¿En qué radica nuestro problema? En que no tenemos fe.

Algunos hermanos y hermanas dicen tener fe en Cristo como la Cabeza, mas no tienen fe en que la Cabeza asume toda la responsabilidad. Muchas personas no pueden creer esto; no han comprendido lo que significa la fe. La Biblia dice que el Señor es la vid y nosotros los pámpanos (Jn. 15:5). No dice que El será nuestra vid y que nosotros seremos Sus pámpanos. No importa si creemos o no, El es la vid y nosotros los pámpanos. No obstante, sólo los que creen pueden experimentar el fluir de la savia a través de ellos y obtener fruto de su labor. La vida del Señor no corre por los que no creen; así que éstos siempre tienen que luchar para laborar y llevar fruto. Si les decimos que el Señor es la vid y nosotros somos los pámpanos, es posible que pregunten por qué no pueden ellos trabajar ni llevar fruto. No pueden hacerlo porque no tienen fe. Ellos quizás respondan que como el Señor es la vid y nosotros los pámpanos, no importa si uno cree o no; puesto que un hecho realizado por Dios es siempre un hecho. Aquellos que dicen esto no conocen el verdadero significado de la fe.

LA FE ES LO QUE DA SUSTANTIVIDAD
A LOS HECHOS DE DIOS

Hebreos 11:1 habla de la importancia de la fe. Es el único versículo de la Biblia que define lo que es la fe. "Ahora bien, la fe es lo que da sustantividad a lo que se espera, la convicción de lo que no se ve". Hay muchas formas de traducir la

expresión "dar sustantividad". Es una palabra difícil de traducir del griego. "Dar sustantividad" denota la capacidad
de hacer algo real. Tenemos por ejemplo la forma de las lám-
paras, el color de las paredes y el sonido del órgano. ¿Cómo
pueden estas formas, colores y sonidos hacerse reales para
nosotros? Lo único que comprueba la existencia del color es la
vista. Tenemos aquí un cuadro con colores hermosos: verde,
rojo y amarillo; sin embargo, estos colores únicamente pueden
tener sustantividad por medio de los ojos. Sin éstos, los colores no podrían tener sustantividad, aunque fuesen hermosos.
El sonido de un órgano es muy agradable, pero sólo puede
tener sustantividad por medio del oído. Una persona sorda no
podría darle sustantividad al sonido. Los ojos no pueden darle
sustantividad al sonido, ni tampoco las manos; sólo los oídos
pueden hacerlo. Los diferentes objetos tienen diferentes
formas: algunos son cúbicos; otros son esféricos, planos, trian-
gulares o curvos. Solamente podemos darle sustantividad a
esas formas por medio de la vista o del tacto. Por consiguiente, una cosa es que los objetos existan, y es otra que la
existencia de ellos pueda tener sustantividad para nosotros.
Existen millones de objetos sobre la tierra, pero todos ellos
dependen de cierta habilidad nuestra para cobrar sustantividad. Lo anterior se aplica igualmente a nuestra fe.

Aquí vemos un paisaje que tiene montañas, agua, flores,
pasto y árboles. El paisaje es hermoso; si usted tiene ojos,
puede apreciar la belleza del cuadro y describírselo a otros.
Pero suponga que una persona haya nacido ciega y nunca en
toda su vida ha llegado a ver los colores. Si usted le habla del
rojo y de lo atractivo que es, preguntará: "¿Qué es el rojo?". O
quizás le hable acerca de lo encantador que es el verde, y ella
preguntaría: "¿Qué cosa es el verde?". Usted sólo puede decirle
que el rojo es rojo y que el verde es verde. Aunque exista el
paisaje, esta persona no podrá apreciar cuán maravilloso es.
Aunque el paisaje del cuadro sea hermoso, no puede disfrutar
lo maravilloso que es.

Aquí hay una hermana que puede tocar muy bien el piano.
Aquellos que tienen oído y saben de música pueden apreciar
la música que ella toca. No obstante, los que son sordos o los
que no entienden de música, no pueden testificar de lo bella

que es la música. Lo mismo se aplica a nuestra fe. Todos los hechos de Dios son verdaderos. Sin embargo, sólo pueden tener sustantividad por medio de la fe, porque la fe es lo que da sustantividad a lo que se espera, la convicción de lo que no se ve. Puede ser que un cuadro tenga un paisaje hermoso, pero un ciego no podrá verlo. Sin embargo, no puede decir que la pintura no exista simplemente porque no la ve. Es un hecho que la pintura existe; y ya sea que uno la vea o no, sigue siendo una pintura y los hermosos colores también existen. La pregunta es si usted ha recibido o no algún beneficio de ella. Los que tienen el sentido de la vista podrán deleitarse en ella, se beneficiarán de ella. El Señor Jesús murió y derramó Su sangre en la cruz por todos los hombres. Este es un hecho. Pero algunos tienen la fe que le da sustantividad al hecho de la muerte del Señor y se benefician de ella. Otros no tienen la fe. La muerte del Señor Jesús en la cruz sigue siendo un hecho, pero no pueden experimentarla.

Hermanos y hermanas, ¿pueden ver la importancia de la fe? Necesitamos la fe para poder darle sustantividad a los hechos espirituales, de la misma forma en que necesitamos los ojos, los oídos y las manos para poder darle sustantividad a los objetos físicos. Necesitamos la fe para darles sustantividad a la realidad de todos los asuntos espirituales. La mano da sustantividad a la forma de los objetos, y el oído puede percibir el sonido, pero la mano no puede sentir los colores, ni los oídos pueden escucharlos. Los colores solamente pueden recibir sustantividad por medio de los ojos. Esto mismo se aplica a los asuntos espirituales. Por ejemplo, el Señor es la Cabeza, y nosotros somos los miembros. Esta unión es un hecho, y no existe posibilidad alguna de separación. El Señor también es la vid y nosotros somos los pámpanos, y no hay posibilidad de separación. Si creemos, recibiremos el beneficio de este hecho. Algunas personas confiesan que el Señor es la vid y nosotros los pámpanos, pero no tienen la savia, la vida. No pueden llevar fruto porque no tienen fe.

¿Qué es la fe? No es un simple entendimiento mental acerca de una verdad. Es percibir un hecho y darle sustantividad. Hemos oído que el Señor murió en la cruz y derramó Su sangre para redimirnos. Tal vez estemos de acuerdo con otros en cuanto al hecho de que el Señor murió en la cruz y derramó Su sangre para redimirnos. También hemos escuchado que el Señor es la vid y nosotros somos los pámpanos. Quizás también estemos de acuerdo en que El es la vid y nosotros los pámpanos. Se nos ha dicho que el Señor es nuestra vida, que vive en nosotros y es posible que también estemos de acuerdo en que El es nuestra vida y que vive en nosotros. Sin embargo, esto por sí solo no puede dar sustantividad a los hechos. Puede ser que nos hayamos puesto a un lado y hayamos visto que somos impotentes e inútiles. Posiblemente hayamos soltado todos los asuntos, pero éstos son sólo un aspecto. Por otro lado, debemos dar sustantividad a Cristo. Esto es maravilloso. Sólo requiere un segundo, y los hechos que Cristo realizó recibirán sustantividad en nosotros.

He aquí un hermoso cuadro. ¿Cómo sabemos que es hermoso? Porque lo hemos visto. ¿Cómo sabe uno acerca de las riquezas de Cristo? Porque las ha visto. Colosenses dice que somos llenos de Cristo. ¿Cómo sabemos que somos satisfechos en Cristo? Lo sabemos porque lo hemos visto a El. Cuando nos miramos a nosotros mismos, no vemos ninguna plenitud. Pero se nos dice que en El estamos llenos. ¿Estamos llenos en Cristo? El Señor nos ha dado la plenitud y nos ha dado gracia sobre gracia. ¿Tenemos ya esto? No es asunto de si lo entendemos con nuestro intelecto o no, sino de si tenemos tal fe en nuestro corazón.

Dice en Efesios 1:3: "Bendito sea el Dios y Padre de nuestro Señor Jesucristo, que nos bendijo con toda bendición espiritual en los lugares celestiales en Cristo". No hay duda de que Dios nos bendijo con toda bendición espiritual en los lugares celestiales en Cristo. Pero, ¿dónde se hallan estas bendiciones? Hermanos y hermanas, la cuestión principal es la fe: debemos creer que la Palabra de Dios es veraz. Esto es muy sencillo y no es necesario ampliar más.

¿En qué consiste la fe? Examinemos esto desde el punto de vista del Señor. El hecho de que los cristianos no puedan creer es un gran fracaso. Creer equivale a dar sustantividad a los hechos. Una vez que vemos algo, le damos sustantividad.

Una vez que creemos, le damos sustantividad a los hechos y los obtenemos.

Hubo en hombre inglés de apellido Webpeblo cuya hija murió. Cuando él regresó del funeral de su hija, meditaba en cuál debía ser el tema del sermón del día siguiente. Pensó: "Mi hija acaba de morir, y toda la congregación sabe que estoy quebrantado por esto. Debo darles un sermón para consolarlos". Escogió el texto de 2 Corintios 12:9 como tema: "Bástate mi gracia". El dividió su sermón en secciones e incisos, según la Escritura. Luego se arrodilló y pidió la bendición de Dios. Pero mientras oraba se preguntó: "¿Me basta a mí la gracia de Dios? Si la gracia de Dios no me basta ¿cómo puedo decir que sí? Yo digo que la gracia de Dios me basta, pero si me entristezco y me lamento por la muerte de mi hija, entonces la gracia de Dios no me basta. No puedo mentir". Pensó en cambiar de tema, pero ya no tenía tiempo. Así que decidió que oraría a Dios pidiendo que Su gracia le bastase: "Dios, haz que Tu gracia me baste. Oh Señor, haz que Tu gracia sea suficiente para mí". El continuó orando un tiempo largo, pero esto no sirvió de nada. No sabía qué hacer. En ese momento alzó sus ojos y vio el mismo versículo sobre la repisa de la chimenea. Era un versículo que su madre había colocado allí mientras él se encontraba en el funeral. El versículo estaba escrito en tres colores. La palabra *Mi* estaba impresa en azul; la palabra *bástate* estaba impresa en rojo. Todas las demás letras se encontraban impresas en negro. De repente la luz de Dios lo iluminó, y confesó delante del Señor, diciendo: "Dios, Tú dijiste que Tu gracia me basta, pero yo dije que no bastaba. Tú dijiste que Tu gracia era suficiente para mí, pero yo te sigo pidiendo que ella me baste". El confesó su pecado y le dio gracias al Señor y lo alabó diciendo: "Tu gracia me basta. No tengo necesidad de orar pidiendo nada más". El quedó lleno de gozo y de acción de gracias. No había necesidad de seguir orando. Al día siguiente dio el mejor sermón de toda su vida. Cuando alguien le preguntó de dónde provenía su poder, respondió que le había venido después del entierro de su hija. Desde aquel día llegó a ser una persona diferente porque aprendió a creer.

El problema hoy es que hemos escuchado que el Señor

Jesús es la Cabeza, y nosotros seguimos orando para que El lo sea. Debemos más bien darle gracias y alabarlo diciendo: "Señor, Tú eres la Cabeza". Si hacemos esto, se le dará sustantividad al hecho inmediatamente.

Un hermano dijo una vez: "Señor Nee, usted ha hablado, pero yo no he podido recibir nada". Le respondí que eso se debía a que solamente estaba escuchando mis palabras; en lugar de eso, debería acudir al Señor y pedirle que le hable. Aquella noche él oró a Dios diciendo: "Dios, hazme vencer. Señor hazme victorioso. Señor tengo un genio horrible; ayúdame a vencer". Mientras oraba, recordó la oración del leproso que dijo al Señor: "Señor, si quieres, puedes limpiarme". El oró de la misma manera: "Señor, si quieres, mi mal humor se irá". En ese momento entendió que si el Señor lo deseaba, entonces no tenía necesidad de pedir nada más. El Señor lo ha logrado todo y El sí quiere; ya todo está hecho.

Todo lo que necesitamos hacer es creer lo que dice 2 Corintios 12:9 o Lucas 18:27. Tan pronto creamos en las palabras "sí quiero" todo estará bien. Una vez que tenemos el "sí quiero", los problemas quedan atrás y se desvanece el mal genio. Aun si nuestra esposa está muriendo de alguna enfermedad, mientras el Señor haya dicho: "Sí quiero", todo estará bien. Este es el verdadero significado de creer. Creer significa no pedir nada; es no pedirle a Dios que haga algo que ya ha prometido hacer.

Una vez un hermano habló sobre la victoria. Después de su mensaje les pidió a los hermanos y hermanas que hicieran las preguntas que tuviesen. El observó que una hermana joven estaba llorando en su asiento, pero no se ponía de pie para hacer ninguna pregunta. Otra hermana, ya mayor, se levantó y preguntó: "Durante los últimos años he estado orando pidiendo que el Señor me conceda la victoria, pero nunca la he experimentado. ¿Qué sucede?". El hermano respondió: "Nada. Usted ha orado demasiado. Si en vez de pedir alaba, todo estará bien". Después otro hermano se puso de pie y dijo: "Yo había buscado la victoria por once años, pero hasta ahora no había podido vencer. La pregunta de esta hermana y la respuesta que usted dio me han iluminado y ahora tengo la victoria". El hermano luego se le acercó a la joven que lloraba y le preguntó cómo estaba. La joven respondió que también había visto claramente al escuchar esta pregunta y su respuesta. Esto es lo que significa la fe. Recuerden que con soltarlo todo no termina el asunto. Si usted no tiene fe, no podrá darle sustantividad a los hechos. El color del cuadro sólo puede tener sustantividad por medio de los ojos; el sonido de un órgano, sólo puede recibir sustantividad por medio de los oídos, y la textura de un objeto, sólo por las manos. Del mismo modo, la Palabra de Dios y Sus promesas sólo pueden recibir sustantividad por medio de la fe. No debemos orar a Dios con incertidumbre: "Señor, sé mi victoria. Sé mi vida y mi santificación". Más bien, debemos decirle: "Dios, Tú eres mi victoria. Te agradezco y te alabo porque eres mi santificación. ¡Te agradezco y te alabo!"

Hermanos y hermanas, se nos presentan tentaciones continuamente. Enfrentamos muchas dificultades, y palabras duras hieren nuestros oídos. ¿Le pediremos a Dios que nos dé fuerzas para vencer? No. Más bien, debemos decir: "Señor, te doy gracias y te alabo porque eres mi victoria. Señor, Tú vences en mi lugar. Te doy gracias y te alabo porque todo lo soportas en mi lugar. Te doy gracias porque Tú eres la Cabeza y yo soy un miembro Tuyo. Tú eres la vid y yo el pámpano. Tú me lo provees todo". Según la palabra de Dios, El ya nos lo ha suministrado todo.

Cuando fuimos salvos, recibimos una de las millares de palabras que El habló. Algunos fueron salvos al leer Juan 3:16; otros fueron salvos por medio de Juan 5:24; otros recibieron la salvación en Romanos 10:10. Somos salvos al recibir una palabra del Señor. Lo mismo se aplica a la victoria; todo lo que necesitamos es una de Sus muchas palabras. El hermano que mencionábamos antes, venció al recibir sólo dos palabras: "Sí quiero". Algunos han vencido por medio de 2 Corintios 12:9, mientras que otros han vencido por Romanos 6:14. Otros han recibido victoria en 1 Corintios 1:30.

LA FE NO ES LA ESPERANZA

Examinemos ahora lo que no es la fe. La fe no es esperanza. Los que tienen esperanza, no necesariamente tienen fe. Al hablar usted con otros sobre el tema de vencer, si ellos han vencido, verá que no tienen fe si responden: "Espero llegar a vencer". Esto es como hablarle a una persona acerca de la salvación. Si él le dice que él espera algún día ser salvo, usted sabe que todavía no tiene fe. Algunas personas constantemente esperan que el Señor los salve, y siempre esperan que el Señor les ayude a vencer. Algunas personas oran constantemente y le piden al Señor que los haga vencer. Esperan que el Señor los haga vencer. Algunos dicen que se han rendido y han creído, pero todavía siguen esperando ver algún resultado. Si esperan para ver si esto funciona, nada sucederá jamás, porque la fe no es esperanza.

Un hermano me preguntó una vez si una persona que vence debe tratar de recordar constantemente que el Señor es su victoria. El dijo: "Tengo más de veinte trabajadores en mi fábrica. Tengo que supervisarlos, pero olvido cosas con frecuencia. Tengo a mi cargo muchas jóvenes. Todos los días les suceden muchas cosas, desde la mañana hasta las ocho de la noche. ¿Cómo puedo recordar a cada instante que el Señor es mi victoria? Si no logro recordar esto, ¿podré aún así ser victorioso?". Le pregunté: "Cuando usted está en su fábrica, ¿se acuerda de que tiene dos ojos?". El respondió que no. Luego le pregunté: "Al salir de su fábrica ¿tiene que tocarse los ojos con sus manos para asegurarse de que todavía están allí?". El respondió: "Por supuesto que no". No era importante si él recordaba sus ojos. Lo único que importaba era si sus ojos realmente estaban allí. Demos gracias al Señor porque la vida vencedora no depende de que nosotros recordemos al Señor, sino de que el Señor se acuerde de nosotros. Sería un gran sufrimiento para nosotros si se nos exigiera recordar al Señor. Demos gracias al Señor y alabémoslo porque El se acuerda de nosotros.

LA FE NO ES UN SENTIMIENTO

Algunas personas no están esperando, ni orando ni tienen futuras esperanzas, pero van en pos de sentimientos. Una hermana dijo que se había rendido y había creído, pero que no se atrevía a decir que había vencido. Esto se debía a que desde el primer día que recibió al Señor Jesús como su victoria, nunca había sentido nada especial. Hermanos y hermanas, creer es tener fe absoluta en algo; los sentimientos no juegan ningún papel en esto. Los sentimientos no tienen nada que ver con si un cuadro es hermoso o no; sólo se necesitan los ojos para ver. Los sentimientos son útiles en ocasiones, pero no sirven para entender las cosas de Dios. La mano solamente puede tocar las cosas y sentir su temperatura; pero no sirve para ver una pintura. Las cosas espirituales sólo pueden recibir sustantividad por medio de la fe, no de los sentimientos. Podemos vencer por causa de la Palabra de Dios. Dios habla, y todo queda hecho. No se trata de sentir alguna fuerza ni de experimentar alguna sensación intensa por unos cuantos días. Para vencer, lo único que se necesita es que tengamos una palabra del Señor.

Esta mañana un hermano mencionó su problema. El ya se había rendido y había creído, pero no se atrevía a decir que había vencido. Satanás lo seguía acusando. Algo le sucedió ayer que le hizo pensar que había retrocedido. Comenzó a dudar de su victoria. Le dije: "Suponga que yo le vendo a usted el lote que está detrás de mi casa y le firmo un contrato. Si viene alguien y le dice que el pedazo de lote es de él, ¿que haría usted?". En tal caso, el hermano sólo podría hacer dos cosas: dar crédito al contrato y creer que todo lo contenido en el contrato era suyo; o creer en lo que yo le dije, lo cual indicaría que las palabras del otro deberían de ser falsas. La pregunta es ¿a quién creerle? Si decide creer en las palabras del hombre, tendrá que permitirle que se quede con el terreno; pero si escoge creer en mis palabras, le dirá al hombre que se marche, y el hombre tendrá que irse inmediatamente. Podemos confiar en las promesas de Dios y en Su Palabra. Si usted dice que su mal genio y su orgullo son verdaderos, hace que la Palabra de Dios no sea confiable. Si usted no tiene fe, su mal genio y su orgullo se le volverán reales. Pero si tiene fe, todas estas cosas desaparecerán.

Dios hizo un pacto con nosotros que dice que la mansedumbre, la paciencia, el amor, la templanza, lo que está en Cristo, todo ello es nuestro. Pero cuando usted vuelva a perder la paciencia y regresen su orgullo, su impureza y sus fracasos, ¿qué hará? Si usted cree en la Palabra del Señor, debe decir: "Dios te agradezco y te alabo porque yo puedo ser manso, paciente, humilde, amoroso y sobrio. Yo puedo ser todas estas cosas porque Cristo vive en mí". Mientras se aferre firmemente a la Palabra de Dios, todos los temores se esfumarán.

LA INCREDULIDAD ES EL MAYOR PECADO

El problema más grande que prevalece en los hijos de Dios en la actualidad es la falta de fe en la Palabra de Dios. No se les hace difícil cuando se les pide que lo suelten todo. Después de soltarlo todo, debería serles fácil creer. Hermanos y hermanas, acérquense a la presencia del Señor. Después de que lo suelten todo, deben tener la fe de que vencerán.

Una hermana había soltado todos los asuntos y los había entregado al Señor. Le pregunté si había vencido, y ella respondió que no estaba segura. Inquirí acerca de la razón por la cual decía eso, y dijo que todavía no había visto los resultados. Le dije sin rodeos: "Usted ha cometido el mayor pecado que el hombre pueda cometer: el pecado de la incredulidad. Al usted no creer, da a entender que Dios es mentiroso. Dios dijo que usted es un pámpano de la vid y si usted lo suelta todo, la vida de El espontáneamente fluirá por usted. No obstante, usted dice que Dios no la ha librado todavía, pese a que usted ha hecho su parte. Usted está dando a entender que ya cumplió, y que Dios no ha hecho Su parte". Ella dijo que ésa no era su intención. Le dije: "Usted debe darle gracias al Señor y alabarlo por haberle dado todo a usted".

Recuerden que cuando creemos en el Señor como nuestra Cabeza y nuestra vida, y creemos que ya lo recibimos todo, todo llega a ser en realidad nuestro. Una vez que creemos, todos los problemas quedan resueltos. Cuando tenemos fe, ningún obstáculo puede impedirnos recibir nuestra victoria. ¡Aleluya! Esta es la salvación. Nuestra fe no es una labor sino la acción de dar sustantividad a los hechos. Creemos que el Señor es la Cabeza, que El vive en nosotros, que es nuestra vida, que es la vid y nosotros los pámpanos, y que El vence en nuestro lugar. Cuando creemos, se desvanecen todas las tentaciones, y el Señor lo hace todo por nosotros. Alabamos y agradecemos al Señor por haberlo hecho todo.

Nos hemos estado reuniendo aquí por ocho o nueve días.

Me gustaría ver qué nos va a suceder a todos nosotros. ¿Cuántos hemos soltado todas las cosas? ¿Cuántos ya lo han soltado todo y también tienen fe? En primer lugar, les pediría a quienes lo han soltado todo que levanten la mano. Digo lo mismo a los que además de soltarlo todo, creen. La cantidad de unos y otros es casi la misma, aunque son menos los del segundo grupo. Déjenme añadir algo a esto de creer.

Hermanos y hermanas, recuerden que la Palabra de Dios es fidedigna. No confiamos en nuestra propia experiencia. Tampoco creemos en nuestros propios sentimientos. Creemos en la Palabra de Dios. El dice que el Señor Jesús no sólo ha llegado a ser nuestra justicia, sino también nuestra santificación al vivir en nosotros. Por lo tanto, podemos decir que Cristo no sólo es nuestra justicia, sino también nuestra santificación. No necesitamos sentir que Cristo sea nuestra vida o nuestra santificación. Creemos que El es nuestra vida y nuestra santificación. La Palabra de Dios es digna de fiar. Cuando Dios dice que Cristo es nuestra vida, nosotros también decimos que lo es. Cuando dice que El es nuestra santificación, nosotros también decimos que lo es. Cuando Dios dice que Cristo es nuestra victoria, también nosotros decimos que El es nuestra victoria. Creemos en todo lo que Dios diga.

En Chefoo le pregunté a una hermana si ella ya había soltado todas las cosas, y ella respondió: "Sí, porque Dios dice que estoy juntamente crucificada con Cristo". Después le pregunté si ella había vencido, pero no se atrevía a decir que sí, porque no se sentía segura. Le dije de una manera franca: "Hermana, Dios dice que Jesucristo es su vida, pero usted dice que quizás no lo sea. Dios dice que Jesucristo es su santificación, pero usted dice que es posible que Cristo no sea su santificación. Dios dice que Su gracia le basta a usted, y usted dice que la gracia de Dios tal vez no le sea suficiente. Entre usted y Dios, uno debe de estar mintiendo. O Dios está equivocado o usted lo está. ¿Se atreve usted a decir que Dios es mentiroso? Dios dice que Cristo es su vida, pero usted dice que tal vez no lo sea. Dios dice que Cristo es su santificación, pero usted dice que quizás no. ¿Está usted dando a entender que la Palabra de Dios no es confiable?". En ese momento la expresión de su rostro cambió y replicó inmediatamente: "No

quise decir eso. Yo sí creo en la Palabra de Dios". Hermanos
y hermanas, si aún están dudando, si todavía se preguntan si
Cristo es su vida, o si El es su santificación, esto no es insignificante. Puedo decirles francamente que están haciendo a
Dios mentiroso.

Una vez conversé con una hermana en Chefoo antes de
una reunión. Como ya iba a empezar la reunión, le pregunté
si ella había soltado todas las cosas. Me dijo que sí. Luego le
pregunté si había logrado vencer, y me dijo que no, pero que
sabía cuál era su problema y que no era un problema grande.
Como tenía que irme en pocos minutos, oré a Dios pidiendo
que me diera sabiduría para decirle algo. Así que le dije:
"Usted sonrió y dijo que no tenía fe sin darle mucha importancia. Pero a los ojos de Dios esto es un gran pecado. Es un
gran pecado no creer en la Palabra de Dios. Dios dice que
Cristo es su vida y su santificación. El dice que Cristo es su
victoria y que Su gracia le basta. Pero usted no puede creer y
hasta piensa que es un asunto trivial al expresarlo con una
sonrisa. Hermana, debo decirle que ha cometido un pecado
muy serio. Usted debe acudir al Señor y decirle: 'Dios, no he
creído a Tu palabra; he pecado contra Ti. Por favor, perdóname y quita mi corazón malo e incrédulo. Te suplico que
quites este pecado de mí'".

Algunos no creen, pero todavía siguen sonriendo. Creen
que la incredulidad no es algo serio; pero en realidad es un
gran pecado. Este pecado es más grande que el pecado de
cometer adulterio o matar. Debemos decirle a Dios: "Perdóname por haber pecado contra Ti. Señor, quita de mi corazón
la incredulidad". Si llamamos pecado a la incredulidad, lograremos vencer. Nuestra fe se basa en la Palabra de Dios. Cuán
maravilloso es 2 Corintios 12:9, que dice: "Bástate Mi gracia".
Cuán maravilloso es 1 Corintios 1:30, que dice: "Cristo
Jesús ... hecho de parte de Dios sabiduría: justicia y santificación y redención". Cuán maravilloso es Colosenses 3:4, que
dice: "Cristo, nuestra vida". Si nos aferramos a la Palabra de
Dios y creemos en ella, todo irá bien. Aunque sólo tengamos
un versículo de la Escritura o una palabra de parte del Señor,
tendremos la garantía y venceremos.

CAPITULO OCHO

LA PRUEBA DE LA FE

Quisiera que leyéramos un versículo. En 1 Pedro 1:7 dice: "Para que la prueba de vuestra fe, mucho más preciosa que el oro, el cual aunque perecedero se prueba con fuego, sea hallada en alabanza, gloria y honra cuando sea manifestado Jesucristo". Quiero compartirles sobre la prueba de la fe. La Biblia nos revela que no puede haber fe sin que ésta sea probada. Toda fe tiene que ser probada. La fe debe pasar por la prueba debido a las razones que discutiremos.

RAZONES POR LAS CUALES LA FE DEBE SER PROBADA

Para que podamos crecer

Dios prueba nuestra fe a fin de que podamos crecer. Ningún cristiano puede crecer si su fe no ha sido sometida a prueba. La fe de todo cristiano que está creciendo debe ser puesta a prueba. Puedo decir con toda certeza que la fe de todo creyente debe ser probada. La fe sólo puede crecer por medio de la prueba. La única forma en que Dios nos ayuda a crecer es probando nuestra fe. Podemos acercarnos a Dios y recibir toda Su gracia por medio de la fe. Una vez que nuestra fe sea probada, creceremos espontáneamente.

Para satisfacer a Dios

Dios prueba nuestra fe, no sólo para que crezcamos, sino también para hallar satisfacción. Nadie que haya creído en el Señor y haya recibido Su gracia puede evitar la prueba de la fe. La prueba de la fe tiene como fin demostrarnos que nuestra fe es genuina. Solamente la fe genuina satisface a Dios. Una fe que haya sido aprobada glorifica el nombre de Dios. El nombre de Dios es glorificado en este mundo mediante una fe aprobada. Si al pasar por tribulaciones, persecuciones, obstáculos y oscuridad, seguimos creyendo y permanecemos firmes después de todas estas pruebas, tendremos la fe que glorifica el nombre de Dios.

Para hacer callar a Satanás

Dios prueba nuestra fe no sólo con el propósito de que crezcamos o de hallar satisfacción para Sí; pues nuestra fe, una vez aprobada, hará callar a Satanás. Satanás no va a aceptar tan fácilmente que hayamos creído, y tampoco nos permitirá decir que hemos recibido aquello en lo que hemos creído. El siempre vendrá para engañarnos y molestarnos. Cuando nuestra fe haya sido puesta a prueba, Dios lo dejará sin ninguna excusa. Al ver que no le cedemos terreno, tendrá que retroceder. Mientras Satanás logre engañarnos, él nos detendrá y no nos dejará en paz. Si lo permitimos, hasta nos quitará la bendición de Dios. El no nos soltará hasta no haber agotado todos los recursos. Dios tiene que probar nuestra fe a fin de cerrarle la boca a Satanás.

Para que podamos ayudar a otros

Otra razón por la que Dios prueba nuestra fe, es que así podamos ayudar a los demás. Una fe que no haya pasado por la prueba no puede ayudar a otros. Solamente cuando nuestra fe es probada, pueden otros recibir ayuda de nuestra parte. Si un hombre ha creído, pero su fe no ha sido probada, su fe no es confiable. Satanás no puede hacer nada en contra de una fe que ha sido genuinamente probada; él no puede sacudir esa fe. Solamente esta fe ayudará a la iglesia. Hermanos y hermanas, la fe que ha sido probada es mucho más preciosa que el oro, el cual aunque perecedero se prueba con fuego.

LA RELACION ENTRE LA PRUEBA DE NUESTRA FE Y LA VICTORIA

Veamos ahora la relación que existe entre la prueba de nuestra fe y la victoria. Dios desea poner a prueba nuestra fe para asegurarse de que sea una fe verdadera. La fe genuina perdura, pero la fe que no dura mucho no es fe en absoluto. La fe genuina siempre dura un largo tiempo. Seguirá creyendo después de tres días, un mes, un año, diez años o hasta cincuenta años. La fe genuina puede vencer uno, cinco o diez obstáculos, y seguirá creyendo aun después de ser probada una vez, cinco veces o siete veces. La fe que es efímera, que se derrumba o se desvanece después de una leve sacudida, no es fe en absoluto. La fe es perdurable.

En la Biblia podemos ver que vencer depende de creer en la Palabra de Dios. Dios dice que Su Hijo es nuestra vida, nuestra cabeza, nuestra victoria, nuestra santificación y nuestro poder. Sabemos que El llevó nuestras cargas y se responsabilizó de todos nuestros asuntos. Sabemos que El nos da perseverancia y mansedumbre, y que El abastece nuestro interior de todo lo que necesitamos. Damos gracias y alabamos al Señor porque sabemos esto y lo creemos. Pero esta fe necesita pasar por la prueba.

Un hermano me dijo esta mañana: "Ya lo solté todo y creo. Debería de experimentar la victoria. Pero al regresar a casa en bicicleta, después de la reunión de ayer, un anciano se tropezó conmigo y caí en frente de una tienda. Aunque no le dije nada, me enojé mucho. ¿Qué me sucedió? Ya lo había soltado todo, había reconocido que no podía lograr nada y había creído en Cristo como mi victoria. ¿Por qué volví a tener ira? Yo creí que no me volvería a enojar". Hermanos y hermanas, hay dos explicaciones para esto.

La victoria no implica
que hayamos sido enmendados

Después de haber vencido y dejado de pecar por una, dos, tres, cuatro o cinco semanas, uno llega a pensar que es bueno, que ha mejorado y que ha madurado. Es posible que comience a valorarse y a gloriarse en sí mismo. Por lo tanto, Dios lo pondrá a prueba y hará que caiga para que usted pueda ver que no ha cambiado nada. Si logra perseverar en algo, no es porque haya mejorado, sino porque ha sido intercambiado. El Señor ha perseverado en lugar de usted. Si cree haberse corregido, sin duda caerá. Debe entender que si hay alguna perseverancia, es Cristo quien persevera por usted. Si en usted hay alguna mansedumbre, es Cristo quien es manso en usted. Si en usted hay alguna santidad, esa santidad es Cristo. No importa cuánto tiempo haya vencido, usted seguirá siendo usted y nunca cambiará. Watchman Nee será siempre Watchman Nee. Después de cincuenta años seguirá siendo Watchman Nee. Una vez que se haya ido la gracia, lo único que quedará será Watchman Nee. Doy gracias al Señor y lo alabo porque la victoria es Cristo y no tiene nada que ver con nosotros. Yo todavía puedo caer en pecado; no he cambiado en lo absoluto.

Unos misioneros de la misión al interior de la China en Chefoo, me preguntaron una vez cuál era la diferencia entre una enmienda y un intercambio. Les dije que de no ser por la gracia, Pablo, Juan y Pedro sólo habrían sido pecadores. Estos habrían sido como cualquier otro hombre si se les hubiese quitado la gracia. Si se le quita la gracia a una persona, viene a ser igual que los ladrones y las prostitutas de las calles. La gracia significa que Cristo nos reemplaza; no que hayamos tenido alguna mejoría. Un himno tiene una línea que dice: "Cada vez que mi corazón se eleva, cuán cerca estoy de caer" (*Hymns*, #578). Esto es cierto. Hermanos y hermanas, debemos darnos cuenta de que todavía seguimos siendo los mismos; no hemos cambiado en nada.

¿Cuál es más confiable, la Palabra de Dios o nuestra experiencia?

Es muy fácil creer en la experiencia propia. A veces nos preguntamos cómo nosotros siendo tan débiles, derrotados y malhumorados podemos vencer. Al contemplar nuestra experiencia, concluimos que la Palabra de Dios no puede ser cierta. Pero hermanos y hermanas, ¿cuál es más digna de fiar, la Palabra de Dios o nuestra experiencia?

Mientras yo estaba en Chefoo, la esposa del hermano Witness Lee vino a verme y me dijo que ya se había rendido y había creído plenamente que el Señor era su victoria; ella había entrado en la experiencia de vencer. Pero se lamentó diciendo: "Mi victoria es de corta duración. Después de una semana he vuelto a ser derrotada. Mis dos niños me provocan constantemente y no logro ser paciente con ellos. En los últimos dos o tres días fui derrotada una vez más. ¿Qué me sucedió?". Le pregunté si Cristo había cambiado y ella respondió que no.

Luego le pregunté si la Palabra de Dios había cambiado y de nuevo me dijo que no. Entonces le dije: "Puesto que Cristo no ha cambiado, ni tampoco Su Palabra, ¿por qué no ha experimentado usted la victoria?". Ella dijo que su experiencia no era lo que ella pensaba que debería ser. Le dije: "Suponga que su hijo sale a la calle, y un desconocido le dice: 'Usted no es hijo de su madre, sino que lo compraron por veinte centavos en la tienda donde venden hierbas'. El viene y le pregunta: 'Madre, ¿soy hijo tuyo o fui comprado en el herbolario por veinte centavos? Alguien me dijo en la calle que tú me compraste'. Seguramente usted le diría: 'Tú eres hijo de mis entrañas. No creas lo que otros te digan'. Suponga que él vuelve a salir y se encontrara al mismo hombre, y éste le dice lo mismo y añade: 'Yo estaba allí cuando tu madre te compró'. Si su hijo viene y le pregunta una vez más, usted le diría: 'Hijo, ¿acaso es que no crees en mis palabras?'. Suponga que al salir de nuevo su hijo, se encontrara con el mismo hombre, y éste le pregunta: '¿Ya le preguntaste a tu madre?'. Es cierto. El día en que tu madre te compró por veinte centavos no sólo yo la vi, sino también aquel chofer y esta persona y aquélla'. Digamos que el desconocido nombra diez o veinte testigos que le atestiguan a su hijo que él fue comprado por veinte centavos. Por un lado, su hijo tiene la palabra de usted, que no necesita comprobación, pero por otro están las palabras de los desconocidos, el testimonio de veinte o cincuenta personas, cuyas mentiras parecen estar basadas en evidencias sólidas. ¿Debe su hijo creer las palabras de su madre, que no requieren ninguna comprobación, o las mentiras de los desconocidos, que están llenas de pruebas? Suponga que su hijo regresa y le dice: 'Madre, estas personas me demuestran con muchas evidencias de que tú me compraste. Dime ¿fui engendrado por ti o me compraste?'. Si él llega a decir esto, indudablemente usted le dirá: '¡Qué hijo tan insensato!' Hermana Lee, Dios también diría que usted es una hija insensata. Dios dice que el Hijo de El es la santidad, la vida y la victoria de usted. Lo que Dios haya dicho es lo que cuenta. Pero en el instante en que usted sale de Su presencia se pone nerviosa y dice: 'Algo anda mal. Es evidente que no he vencido. Aunque Dios ha dicho que Su Hijo es mi santidad, esto no puede ser cierto porque la evidencia me muestra que no tengo ninguna santidad'. Al decir esto, usted da a entender lo mismo que su hijo. Usted escoge creer en las mentiras de Satanás, que parecen estar llenas de evidencia, en lugar de declarar la Palabra de Dios. Suponga que otros le dicen algo a su hijo para engañarlo, y él les contesta sonriendo: 'La palabra de mi madre es la que vale. Usted es un mentiroso'. Suponga que sonríe y dice lo mismo cuando lo tratan de engañar una segunda vez. Y que aun después de que lo tratan de engañar diez, veinte o cincuenta veces, les responde de la misma forma. Si hace esto, avergonzará al enemigo y será una gloria para su madre. Si Satanás viene y le pone a usted el sentimiento de que está fría, usted debe decirle que es victoriosa porque Cristo es su victoria. Si Satanás viene a provocarla, usted debe decirle que es victoriosa porque Cristo es su victoria. Debe declarar que las palabras de Satanás son mentira y que sólo la Palabra de Dios es verdad. Esto es fe, y ésta es la fe que es aprobada. Esta es la fe que glorifica el nombre de Dios. Si decimos que creemos con nuestros labios, pero nos retiramos llorando tan pronto somos probados, ¿dónde está nuestra fe? Tal fe es de corta duración. La fe genuina ciertamente debe pasar la prueba. Si usted admite la derrota tan pronto es probado, estará acabada".

Hermanos y hermanas, cuando las pruebas vienen y nosotros proclamamos que la Palabra de Dios es confiable, y declaramos que la Palabra de Jehová de los ejércitos permanece, que lo que El ha dicho es lo que cuenta y que Su Palabra está establecida en los cielos para siempre, venceremos. La pregunta en realidad es ¿a cuál palabra creeremos?

DONDE HAY FE, LAS MONTAÑAS TIENEN QUE MOVERSE

Una hermana tenía el mismo problema que la hermana Lee. Ella decía que había creído, pero que no podía vencer. Le dije que necesitamos la fe que mueve montañas. Una fe que sucumbe ante la prueba más leve, no es fe. ¿Qué es una fe grande? ¿Qué es una fe que mueve montañas? Una fe firme es una fe que mueve montañas. Una fe que mueve montañas no la detiene ningún obstáculo. Donde haya fe, los problemas tendrán que huir. Esta es la fe que mueve montañas. La fe y las montañas no pueden coexistir. Una de las dos tendrá que irse. Si las montañas permanecen, la fe tiene que irse; si la fe permanece, las montañas tienen que quitarse. Cada prueba es una oportunidad para mover una montaña. Lo importante no es si hay pruebas o no. Lo que está en juego es el hecho de que cuando las montañas permanecen, la fe debe irse, y cuando la fe permanece, las montañas deben irse. Entonces es crítico a quién le creemos, a los desconocidos o a Dios. Nada que se derrumbe ante la prueba es fe.

Supongamos que un hermano aparentemente ha obtenido algunas victorias en cuanto a esto, y no ha comprendido aún lo que es la victoria. Satanás le dirá: "Tú crees que has vencido, pero sigues derrotado. Has sido engañado. No existe la victoria". Hermanos y hermanas, si ustedes se dejan engañar, todo habrá acabado. Dios obra en conformidad con lo que usted cree.

Recuerdo que en una ocasión estuve postrado en cama. Un hermano vino y me tomó el pulso y la temperatura. Tenía una fiebre muy alta y un pulso muy rápido. Algunas noches antes de su visita, yo no había podido dormir; parecía como si estuviera cerca de la muerte. Esa noche oré, y en la tarde del día siguiente el Señor me habló. El escuchó mi oración y me mostró Romanos 8:11: "Y si el Espíritu de aquel que levantó de los muertos a Jesús mora en vosotros, el que levantó de los muertos a Cristo Jesús vivificará también vuestros cuerpos mortales por Su Espíritu que mora en vosotros". Pensé que necesitaba descansar, pero estuve más inquieto que nunca. Cuando el hermano volvió a tomarme la temperatura, había subido y mi pulso se había acelerado aún más. Satanás estaba trabajando arduamente y no se demoró en venir a asediarme y decirme: "¿Qué clase de promesa es ésta? Dios te prometió que vivirías, pero es obvio que no estás mejorando". Las palabras de Satanás parecían muy lógicas. En ese momento el Señor me dio dos versículos. El primero fue Jonás 2:8, que dice: "Los que siguen vanidades ilusorias, Su misericordia abandonan". Jonás dijo estas palabras mientras estaba en el vientre del gran pez. Todas las circunstancias y condiciones externas son vanidad. El segundo versículo fue Juan 17:17: "Tu palabra es verdad". Dios dice que Su palabra es verdad y que todo lo demás es vanidad. Si la palabra de Dios es verdad, mi temperatura, mi ritmo cardíaco y mi insomnio debían ser falsos. Por tanto, inmediatamente le di gracias al Señor y le dije: "Romanos 8:11 es verdad, y todos estos síntomas son falsos". Esto fue lo que decidí creer y así lo declaré. En la tarde, mi fiebre había desaparecido y mi pulso se había normalizado. En la noche pude volver a dormir.

LA FE VERDADERA
SOLO CREE EN LA PALABRA DE DIOS

Hermanos y hermanas, ésta es la prueba de la fe. ¿Cuál es la fe verdadera? La fe verdadera es la que sólo cree en la palabra de Dios y no en la experiencia propia ni en los sentimientos ni en las condiciones adversas. ¡Aleluya, sólo la Palabra de Dios es verdadera! Si las circunstancias y la experiencia concuerdan con la Palabra de Dios, le damos gracias y lo alabamos. Pero si no, de todos modos solamente la Palabra de Dios permanece. Todo lo que contradiga la palabra de Dios es falso. Satanás puede aseverar: "Dices haber vencido, pero observa y verás que sigues siendo igual de corrupto que antes. ¿Qué te hace decir que has vencido?". Usted puede decirle a Satanás: "Es cierto que todavía soy el mismo; nunca podré cambiar. Pero Dios dice que Cristo es mi santidad, mi vida y mi victoria". Satanás le dirá que usted sigue siendo corrupto, débil e impuro. Pero la Palabra de Dios es verdadera. Las palabras de Satanás son mentira; sólo la palabra de Dios es veraz.

Aprendí una lección en Chefoo. Un día la señorita Fischbacher y yo estábamos orando a Dios pidiendo dones específicos. Yo oraba pidiendo fe, y ella oraba pidiendo el don de sanar. Después de orar por quince minutos, ambos recibimos los dones. En la noche fuimos a la reunión y la hermana An me dijo que una hermana que vivía en la planta baja del salón de reunión, estaba perdiendo la razón. Dicha hermana solía tener ataques una o dos veces al mes, pero últimamente los ataques se habían vuelto más frecuentes. Después de la reunión, a las 10:30 de la noche, regresé a casa. En el camino, me puse a pensar qué sucedería si la hermana tuviera otro ataque en ese momento estando sola. Después de despedirme de los hermanos, me vino a la mente 1 Pedro 1:7: "La prueba de vuestra fe, mucho más preciosa que el oro, el cual aunque perecedero se prueba con fuego". Dije para mis adentros: "Que así sea. Si la fe tiene que ser probada, que lo sea". Al día siguiente invité a la señorita Fischbacher a que me acompañara a visitar a la hermana enferma. Por supuesto, habría podido ir solo, pero la señorita Fischbacher acababa de recibir el don de sanidad y yo el don de fe. ¿Por qué no aplicarlos en esta situación? Cuando invité a la señorita Fischbacher, ella se mostró un poco indecisa, y dijo que primero oraría. Después de orar, decidió acompañarme. Al llegar nos enteramos de que la paciente acababa de quedarse dormida. El hermano Shi, que era médico, dijo que debíamos esperar hasta que despertara. Nos dijo que humanamente no había nada que se pudiera hacer. El barco de la señorita Fischbacher salía a las 11:30 de la mañana. Estuvimos esperando hasta las 10:50, cuando nos dejaron entrar. Yo le dije unas pocas palabras a la hermana enferma. Tenía los pelos de punta como una persona que ha perdido la razón. Pero damos gracias y alabanzas al Señor. Oré por uno o dos minutos y el Señor me dio la fe. Me sentí fortalecido en fe, y comencé a alabar al Señor. Luego dos hermanos y una hermana hicieron una corta oración, pero no estaban en el fluir del espíritu tanto como nosotros. Luego, como ya era hora, tuve que llevar a la señorita Fischbacher a su barco. Cuando regresé del puerto, la hermana estaba otra vez llorando, riéndose y dando gritos, y a los pocos minutos se desmayó. Nadie pudo hacer nada. Supe en ese momento que su fe estaba siendo probada. El médico me llevó aparte y me dijo: "Hermano, ore por ella ahora mismo. Como doctor, no puedo hacer nada por ella". Le dije que no había necesidad de orar. Me reí y dije: "Satanás, puedes intentarlo de nuevo. Puedes intentar todo lo que quieras". La hermana estaba fuera de sí, y yo también actuaba como si estuviera loco. Ella gritaba dentro de la casa, y yo gritaba afuera. Ella continuó así hasta las 3:30, y yo seguí haciendo lo mismo hasta esa misma hora. Al final, me vino la fe. A las 4:00 de la tarde yo tenía que ir a una reunión. Le dije al doctor Shi que no la molestara ni tratara de hacer nada; que sólo debía dejar que Satanás hiciera todo lo que pudiera. Cuando Dios dice algo, ya está hecho. El nunca juega bromas con nosotros. En la noche, el doctor Shi vino y me dijo que la hermana se estaba recuperando. A la mañana siguiente me dijo que ya estaba normal. Yo sabía que tendría otras recaídas porque la fe de algunos hermanos todavía necesitaba ser probada. La hermana enferma se ponía bien como por una hora, y muy bien no más de media hora. En la tarde tuvo otra recaída, y el doctor Shi vino a preguntarme qué debía hacer. Me arrodillé para orar pero no recibí ninguna palabra. Parecía como si mi fe no pudiera levantarse. En ese momento, Satanás vino inmediatamente y me dijo: "Trata de reírte una vez más. Ayer te reías tanto, ¿por qué no tratas de reírte otra vez?". Parecía que la fe me hubiera abandonado. Satanás estaba a mi lado diciendo: "Te podías reír ayer y ahora estás tan frío". Pero doy gracias al Señor y lo alabo. Una voz dentro de mí dijo: "Tu sentimiento puede haber cambiado. Ayer te podías reír y ahora estas frío, pero Yo no he cambiado". Respondí: "Sí, el Señor no ha cambiado", e inmediatamente comencé a darle gracias al Señor y a alabarlo diciendo: "Señor, Tú no has cambiado". El día anterior había creído en la palabra de Dios. Mi risa no había hecho que Dios fuera más confiable, como tampoco mi frialdad ni mis ausencia de risa lo hacían menos confiable. Así que sólo alabé al Señor y dejé de orar. Esa noche el doctor Shi me dijo que la hermana se había recuperado totalmente en cuanto a sus síntomas físicos. Al día siguiente, recobró la calma. ¡Aleluya, la Palabra de Dios es confiable! Esta es la prueba de la fe.

Hermanos y hermanas, siempre queremos ver resultados inmediatamente después que creemos. Queremos tener la experiencia tan pronto creemos. Pero hermanos y hermanas, ¿no puede nuestra fe en Dios durar por tres días o tres meses? Si no podemos permanecer en la fe por tres días o tres meses, ¿dónde está nuestra fe? Ya dije antes y lo diré una vez más: "El que creyere, no se apresure" (Is. 28:16).

Un día el Señor le dijo a Sus discípulos que pasaran al otro lado. De repente vino una tormenta, y las olas golpeaban contra la barca. La barca estaba por anegarse. El Señor Jesús estaba en la popa de la barca durmiendo sobre un cabezal. Cuando los discípulos lo despertaron, le dijeron: "Maestro, ¿no te importa que perezcamos?". El Señor despertándose,

reprendió al viento y al mar. ¿Qué dijo después de esto?
Marcos 4:40 dice: "¿Cómo no tenéis fe?". Y Mateo dice: "Hombres de poca fe" (8:26). Muchas oraciones desesperadas no son otra cosa que una señal de incredulidad. Si hay fe, uno puede estar firme. El Señor nos ha pedido que pasemos al otro lado. El no nos dijo que fuéramos al fondo del mar. El dio una orden y no importa si el viento arrecia o las olas se levantan; mire si la barca se hundirá o no. Si no hay fe, saldremos corriendo tan pronto venga la prueba; pero si hay fe, podremos permanecer firmes cuando venga la prueba. Una fe pequeña escapará cuando vea venir las pruebas, pero una fe grande permanecerá firme ante ellas.

FIRMES DEL LADO DE LA FE

Una vez, una persona me regañó enojada. Cuanto más soportaba sus regaños, más persistía. En esa ocasión oré al Señor y le dije: "Dios, dame perseverancia. Dame las fuerzas para soportar. De no ser así, perderé la paciencia". Si hoy me sucediera lo mismo, no estaría tan ansioso, sino que le diría a Satanás, a modo de broma: "Satanás, puedes insultarme por la boca de los hombres. Veamos ahora si el Cristo que mora en mí puede ser afectado por tus injurias". No odio a los injuriadores, sino que los amo. Si actuamos de esta forma, Satanás no podrá hacer nada en contra nuestra. Hermanos y hermanas, demos gloria y alabanza al Señor. La victoria es Cristo, y no nosotros. Si dependiera de nosotros, sólo podríamos soportar hasta cierto punto. Si las injurias sobrepasaran ese límite, perderíamos la paciencia. Pero si Cristo es la paciencia, ninguna tentación será demasiado grande para nosotros y ninguna prueba será demasiado difícil de soportar. Cuando nos mantenemos firmes del lado de la Palabra de Dios y del lado de la fe, Satanás no puede hacernos nada. El Señor nos ha ordenado que pasemos al otro lado. Sin duda alguna llegaremos al otro lado. No es nuestra palabra la que vale, sino la Palabra de Dios, porque Dios es fiel.

Por último, quisiera hacerles una pregunta: ¿Existe algún pecado que regresa continuamente y los ha estado molestando? Creo que sí. Cuando el Cristo que mora en nosotros nos guía en medio de la prueba, ¿quién está siendo probado en realidad? Cada vez que nos sobrevenga una prueba, no somos probados nosotros sino Dios. Cuando nuestra fe es probada, el Hijo de Dios es probado. La fidelidad de Dios es puesta a prueba, no nosotros. Toda prueba tiene como fin que se vea lo que Cristo puede hacer. Toda prueba es una prueba de la fidelidad de Dios. Creer es permanecer del lado de Dios y de Su palabra y no del de las circunstancias. Esto es lo que significa vencer. Satanás dice que somos impuros, mas nosotros decimos que Cristo es nuestra santidad. Satanás dice que somos orgullosos, mas nosotros le decimos que Cristo es nuestra humildad. Satanás dice que hemos fracasado, mas nosotros decimos que Cristo es nuestra victoria. Podemos responder cualquier cosa que diga Satanás proclamando que Cristo es confiable y que Su palabra es fidedigna. Esto es la fe, y esto es lo que da sustantividad a la Palabra de Dios. ¡Aleluya, Cristo es victorioso! ¡Aleluya, Dios es fiel! ¡Aleluya, Su palabra es fidedigna!

Hermanos y hermanas, no olviden que la prueba de la fe no tardará mucho en venir. Inmediatamente después de haber experimentado la vida que vence, la tentación vendrá con más frecuencia que antes. Pero una vez que nuestra fe sea probada, otros recibirán de ello la ayuda y el beneficio. Después de que nuestra fe sea probada, el corazón de Dios quedará satisfecho y Su nombre será glorificado. La boca de Satanás será acallada y no nos podrá hacer nada. ¡Aleluya, podemos confiar en la palabra de Dios! Agradecemos al Señor y le damos gracias. Cuando permanecemos con Dios, nada nos estorbará. Cuando nos posicionamos en la fe, no existe montaña que pueda permanecer inconmovible. La fe se especializa en mover montañas. Siempre que haya una montaña, la fe podrá moverla. ¡Aleluya, Dios es fiel!

CAPÍTULO NUEVE

EL CRECIMIENTO

Lectura bíblica: Jn. 17:17

En esta ocasión tocaremos otro asunto delante del Señor; pero antes, repasemos lo que hemos visto. Vimos que nuestra experiencia ha sido una historia de constantes fracasos. También vimos que la vida que Dios nos ha designado es una vida mucho más elevada que nuestra experiencia cristiana actual. En tercer lugar, vimos que la vida vencedora que Dios nos dio es Cristo, y que los métodos humanos, como por ejemplo la represión, las luchas, la oración, etc., son inútiles. En cuarto lugar, vimos que la vida que vence tiene cinco características, de las cuales, la más importante es que esta es una vida intercambiada, no una enmendada. Quinto, estudiamos las condiciones necesarias para experimentar esta vida. Las dos condiciones básicas son: (1) rendirse, lo cual significa soltarlo todo, y (2) creer. Si Dios dice que Su gracia nos basta, Su gracia nos basta. Si dice que Cristo es nuestra vida, entonces Cristo es nuestra vida. Cuando Dios dice que Cristo es nuestra santidad, nosotros confesamos que El es nuestra santidad. Sexto, vimos también lo que significa soltar las cosas. Séptimo, la fe es lo que da sustantividad a los hechos que Dios realizó. Octavo, aunque ya creímos, nuestra fe necesita ser probada. Esta noche pasaremos a otro asunto que se relaciona con el tema de la victoria: el camino hacia el crecimiento. Después de escuchar los puntos que acabamos de mencionar, ustedes seguramente se preguntarán: después de haber vencido, ¿se encuentra nuestra vida en la cumbre, sin más posibilidad de progreso? Esta noche hablaré sobre lo que una persona debe hacer una vez que ha vencido.

QUE HACER DIARIAMENTE DESPUES DE VENCER

La victoria sobre los pecados que nos asedian

Muchos cristianos han vencido en realidad, y Cristo es verdaderamente su victoria. Pero desconocen cómo mantener esta vida y pronto vuelven a caer. Lo más inmediato que el cristiano debe esperar y anhelar después de haber obtenido la victoria, es que Dios lo libre de pecados específicos, los pecados que lo han perturbado y asediado continuamente. Ningún cristiano que haya entrado en la experiencia de la victoria debe seguir cargando con ningún pecado en particular. El Señor ya nos salvó y ya es nuestra vida vencedora. Podemos decir: "Señor, te alabo porque la victoria de Cristo ha venido a ser mi victoria. Te doy gracias porque la santidad de Cristo ha llegado a ser mi santidad". Esta es Cristo, quien vive en nuestro lugar. Si un hermano estaba atado por su impaciencia, ésta debe desaparecer. Un hermano pudo haber estado lleno de dudas, y éstas pudieron haberle causado muchas molestias. Pudo haber sido una persona muy locuaz, y puede haberse sentido desesperado por esto. Una persona puede haber estado atada a cualquiera de las ocho clases de pecados que mencionamos al principio, y haber sido muy mortificada por ello. Ahora, ella puede esperar que Dios erradique todos estos pecados. Una vez que una persona ha vencido, debe decirle a Dios: "Señor, vengo a Ti para que pongas todos estos pecados bajo mis pies".

Es necesario eliminar muchos otros problemas relacionados con el pecado. Por ejemplo, usted puede haber ofendido a otras personas. Ahora usted debe pedirles perdón. Antes, no contaba con la fuerza para pedirles perdón, pero ahora la tiene. Antes, pudo haber estado atado a algo, pero ahora Cristo vive en usted, y usted es libre. En consecuencia, inmediatamente después de que un hermano o hermana empieza a experimentar la victoria, él o ella debe pedirle al Señor que lo libre de su pecado específico, es decir, aquel pecado que lo ha estado asediando y enredando constantemente. Si uno permite que este pecado permanezca, no sólo otros dirán que no ha vencido, sino que uno mismo comenzará a dudar de que su experiencia de victoria sea genuina. Antes de recibir la vida vencedora, nadie tiene fuerzas para pelear la batalla, pero una vez que recibe la vida vencedora, tiene fuerzas para luchar. Ahora tiene la fe y el poder, y puede pelear la batalla. En Chefoo en cierta ocasión unas hermanas occidentales vinieron a preguntarme si era necesario seguir peleando la batalla después de haber vencido. Les respondí: "El asunto depende de si uno pelea para vencer o vence para pelear. Uno nunca puede pelear para vencer, pero es correcto vencer para pelear. Por lo tanto, el asunto depende de si vamos de la batalla hacia la victoria, o de la victoria hacia la batalla". Muchas personas luchan y se esfuerzan por vencer, y el resultado es un fracaso constante. Jamás alcanzaremos la victoria por nuestro propio esfuerzo. La victoria viene de Cristo y es Dios quien nos la da. Creímos que el Señor es nuestra santidad, nuestra perfección y nuestra victoria. Así que, todo lo demás debe ser desechado. Todo lo que el Padre no ha plantado será arrancado.

Una vez usé un ejemplo mientras hablaba con un hermano. Le dije: "Suponga que usted compra un lote y firma un contrato con el vendedor. En el contrato queda estipulado el largo y ancho del lote. Al reclamar su parcela, suponga que se encuentra a unos vagos tratando de construir una casa en su terreno. ¿Qué haría usted en ese caso? Debe echar a los intrusos basándose en la autoridad de su contrato". Lo mismo debe suceder con nosotros en nuestra batalla contra el pecado. No necesitamos luchar con nuestras propias fuerzas, sino con la autoridad que Dios nos dio. Es cierto que la Biblia nos manda que luchemos, pero también dice que debemos luchar con fe. La Biblia también dice que debemos obtener victoria contra el enemigo, pero dice que debemos hacerlo por medio de la fe. La Biblia dice que debemos resistir al diablo, pero dice que debemos resistirlo con el escudo de la fe.

Hermanos y hermanas, ¿proviene nuestro carácter particular de la vida de Cristo? ¿Provienen de la vida de Cristo nuestra perspicacia, nuestra locuacidad y nuestra manera persistente de pecar? Por supuesto que no, bien lo sabemos. Estas cosas no provienen de Cristo. Dado que no provienen de El, podemos ordenarles que se vayan. Si tratamos primero de resistirlas, para luego vencerlas, sin duda seremos derrotados. Si primero tratamos de luchar con nuestras propias fuerzas para vencer, con seguridad fracasaremos. Pero si primero vencemos y luego luchamos, y si luchamos sobre la base de la victoria, iremos de victoria en victoria. Por lo tanto, la cuestión importante es si uno lucha para obtener victoria o si lucha sobre la base de la victoria. Luchar sobre la base de la victoria es decir: "Señor, te doy gracias y te alabo porque Tú has vencido. Ya que Tú venciste, puedo echar todos estos pecados de mí". Después que el cristiano ha experimentado la vida vencedora, debe decir: "Te doy gracias, Dios. Puesto que Cristo es mi vida, estos pecados no deben permanecer en mí. Deben irse". Todo pecado que nos asedie incesantemente puede ser eliminado de inmediato. Este es el verdadero significado de la batalla espiritual. El pecado que nos ha asediado de continuo por mucho tiempo, puede ser desarraigado de nosotros con sólo un soplo. Esto es lo que significa la victoria.

Reconocemos que no podemos lograr nada y aceptamos a Cristo como el todo

En segundo lugar, nuestra vida debe ser siempre la misma que fue el primer día que experimentamos la vida vencedora. Cada mañana al despertarnos, debemos decirle al Señor: "Dios, aún sigo siendo débil e impotente delante de Ti. No he cambiado nada; sigo siendo el mismo. Pero te doy gracias porque Tú sigues siendo mi vida y mi victoria. Creo que vivirás Tu vida en mí en el transcurso de este día. Dios, te agradezco porque todo proviene de Tu gracia y porque Tu Hijo lo ha logrado todo". Hay otras cosas a las que debemos prestar atención.

DOS CLASES DE TENTACIONES Y LA MANERA DE ACABAR CON ELLAS

Ya les mencioné el hermano que regresaba a su casa en bicicleta después de una reunión y fue atropellado. Antes de darse cuenta, explotó su mal humor. Si hubiera tenido la oportunidad de reflexionar, habría tenido la oportunidad de controlarse, pero el incidente fue tan inesperado que no le dio tiempo de pensar, y su mal genio inmediatamente afloró. Así que, existen dos clases de tentaciones con las que nos encontramos en nuestra vida diaria. La primera, no nos da tiempo de reaccionar, pues surge de repente; la otra se presenta de manera gradual; viene en forma de sugerencias graduales. Una tentación no nos da tiempo de calcular, mientras que la otra sí. Nosotros pensamos que es más fácil vencer la tentación gradual que la tentación repentina. Pero después de entrar en la experiencia de la vida vencedora, todavía necesitamos hacer dos oraciones cada mañana al levantarnos. Si descuidamos estas dos oraciones, sin duda volveremos a fracasar. La primera oración es decirle al Señor: "Líbrame de las tentaciones. No dejes que vengan a mí sin que tenga la oportunidad de pensar. No me permitas pecar sin tener tiempo de reaccionar". El Señor puede librarnos de cualquier tentación en momentos en que no tenemos tiempo de pensar. Esta es una oración muy valiosa y ha salvado a muchos.

En esta ocasión no tengo tiempo para leerles todo el capítulo cinco de Romanos. Sólo puedo mencionarlo brevemente. Romanos 5:12-19 nos enseña unas cuantas cosas. Este pasaje nos dice que nuestra unión con Cristo es igual a la unión que tenemos con Adán. Así como pecamos por estar unidos a Adán, asimismo tenemos justicia por estar unidos a Cristo. ¿Cuánto necesitamos esforzarnos para enojarnos? No es necesario hacer ningún esfuerzo para airarnos; nos enojamos tan pronto nos provocan. Espontáneamente nos enojamos porque estamos unidos a Adán. Pecamos sin necesidad de determinación alguna de nuestra parte, simplemente por estar unidos a Adán; no necesitamos realizar ningún esfuerzo para pecar. Pero la vida en Cristo que Dios ha prometido opera sobre el mismo principio que nuestra unión con Adán. Debemos decirle al Señor: "Así como fui unido a Adán y pequé sin tomar la decisión de hacerlo y sin pensarlo de ante mano, asimismo hoy estoy en Cristo. Puedo ser paciente sin tomar ninguna decisión y sin tener tiempo de pensarlo. No necesito luchar por ser paciente. Señor, en muchas de las cosas que me sobrevendrán este día, no tendré la oportunidad de reflexionar. Pero te agradezco y te alabo porque mi unión contigo es tan fuerte como mi unión con Adán. Cuando la tentación venga a mí hoy, Tú podrás expresar Tu mansedumbre, Tu santidad y

Tu victoria por medio de mí, aun si el incidente sucede demasiado rápido para pensar o resistir". Si tomamos esta posición delante del Señor, venceremos la primera clase de tentación. Todos los días al despertarnos, debemos creer que Dios puede librarnos de las tentaciones de las cuales no tengamos tiempo de pensar. Cada mañana debemos creer en la vida de Cristo, y espontáneamente viviremos Su victoria. Así como nos enojamos sin pensar, podremos también disipar nuestra ira sin pensarlo. Todo esto depende de nuestra fe. Si tenemos fe, todo lo que Dios ha logrado llegará a ser nuestra experiencia.

La segunda clase de tentación no viene repentinamente, sino en forma gradual. Persiste y nos seduce repetidamente. ¿Qué debemos hacer con esta clase de tentación? Podemos hacer dos cosas: podemos no hacerle caso o podemos pelear. Todo depende del Señor Jesús. Yo sigo siendo el mismo que antes: sigo siendo débil y todavía sigo siendo incapaz de resistir la tentación. "Señor no puedo vencerla. No sólo soy incapaz de lograrlo, sino que ni siquiera intentaré hacer nada. Señor, no puedo ser paciente, y no trataré de serlo. No podía hacer nada antes y no puedo hacer nada ahora. Te doy gracias y te alabo porque no puedo lograrlo. ¡Aleluya, no puedo lograrlo! ¡Aleluya, me es imposible ponerle fin a esto!". Al mismo tiempo debemos levantar nuestra cabeza al Señor y decirle: "Señor, Tú puedes hacerlo. Tú no eres débil en mí. Tú eres fuerte en mí. Señor te doy gracias y te alabo porque Tú eres capaz". Hermanos y hermanas, si tomamos esta posición, las tentaciones se irán. Cuando nos esforzamos y luchamos contra las tentaciones, parece que se niegan a irse. Pero cuando declaramos que no podemos lograrlo y que Dios sí, y luego nos gloriamos en nuestras debilidades y en el poder de Dios, las tentaciones se van.

EL JUSTO VIVE POR LA FE

Algunos hermanos preguntan si esto significa que no volveremos a pecar después de experimentar victoria. Mi respuesta es que con el tiempo todo esto se hará real en la práctica. Pero mientras tanto, existe la posibilidad de pecar. Según la Biblia, ¿qué clase de vida debemos vivir? La Biblia nos muestra que la vida de un cristiano es una vida de fe. "Mas el justo por la fe tendrá vida y vivirá". El justo recibe la vida por la fe; ésta es la experiencia inicial. El justo también vive por la fe; ésta es la experiencia continua. Tenemos dos mundos delante de nosotros. Uno es el mundo físico, y el otro es el mundo espiritual. Cuando ejercitamos nuestros órganos físicos, vivimos en el mundo físico, pero cuando ejercitamos nuestra fe, vivimos en el mundo espiritual. Cuando ejercitamos nuestros ojos para mirarnos a nosotros mismos, vemos que todavía somos pecadores; seguimos siendo impuros, orgullosos y no somos mejores que ninguna otra persona. Pero cuando ejercemos la fe para vernos en Cristo, vemos que nuestro mal genio y nuestra contumacia han desaparecido. Todo se ha desvanecido. Existen dos mundos en la actualidad, y todos los días tenemos que escoger entre ellos. El hombre tiene una mente, una parte afectiva y una voluntad. Tenemos libre albedrío; por tanto, podemos vivir en el mundo que escojamos. Si vivimos según los sentidos de nuestros órganos físicos, en el mundo físico, le daremos sustantividad al mundo físico; pero si vivimos por la fe en el mundo espiritual, daremos sustantividad al mundo espiritual. En otras palabras, cuando usamos nuestros sentidos, vivimos en Adán; pero cuando ejercemos nuestra fe, inmediatamente vivimos en Cristo. Siempre estamos en medio de estas dos cosas. Cuando vivimos por nuestros sentidos, vivimos en Adán; y cuando vivimos por la fe, vivimos en Cristo. Cuando vivimos en Cristo, todo lo que está en El será nuestra experiencia.

La Biblia no enseña que el pecado puede ser erradicado. Pero una vez que el creyente empieza a experimentar la vida que vence, según el principio de la obra de Dios y según Su provisión y Sus mandamientos, tal persona no debería volver a pecar. Es posible que expresemos a Cristo todos los días y es posible que seamos más que vencedores todos los días, pero en el instante en que vivimos en nuestros sentimientos y según ellos, caemos. Tenemos que vivir diariamente por medio de la fe. Sólo entonces, podremos darle sustantividad a todo en Cristo.

SOMOS RESTAURADOS POR LA SANGRE INMEDIATAMENTE DESPUES DE FRACASAR

¿Qué debemos hacer cuando caemos accidentalmente?

Debemos ir de inmediato a Dios y poner nuestros pecados bajo Su sangre. Después, podemos acudir al Señor y decirle: "Dios, te doy gracias y te alabo porque Tu Hijo sigue siendo mi vida y mi santidad. El expresará Su vida vencedora desde mi interior". Podemos ser recobrados en un segundo. No es necesario esperar cinco minutos ni una hora. Dios nos perdona y nos limpia, pero nosotros creemos que debemos tener lástima de nosotros mismos y sufrir un poco más de tiempo antes de ser completamente limpios. Esto no es otra cosa que buscarnos problemas. Vivimos guiados por nuestros sentimientos y lo único que logramos es prolongar nuestra relación con Adán por una o dos horas más.

Algunos pueden pensar: "Si un hombre vuelve a caer y necesita que la sangre lo limpie después de que ha entrado en la experiencia de la victoria, ¿no es igual que los que nunca han entrado en ella?". Oh no, hay una gran diferencia. Antes de experimentar la victoria, la vida de uno es un total fracaso. Puede ser que venza ocasionalmente, pero cae habitual y reiteradamente. Sin embargo, después de vencer, su vida se convierte en una vida victoriosa. Si fracasa, fracasará ocasionalmente; pero en general, vence continuamente. Hay una gran diferencia entre las dos. ¡Aleluya, la diferencia es enorme! Antes prevalecía el fracaso y la victoria sólo era eventual. Ahora, la victoria predomina y el fracaso es ocasional. Antes de que una persona llegue a vencer, sus fracasos son continuos. Los que tienen mal genio, se enojan continuamente. Aquellos que tienen pensamientos impuros, tienen pensamientos impuros constantemente. Los que son obstinados, los son siempre. Los que son cerrados en su manera de pensar, siempre son cerrados. Los que son celosos, lo son continuamente. Cada vez que alguno cae, cae en las mismas cosas, y la victoria es una experiencia muy escasa. Una persona se ve atada habitualmente a su mal genio, su orgullo, su envidia o sus mentiras. Después de experimentar la vida vencedora, sólo caerá ocasionalmente, y aun si cae, no cometerá el mismo pecado.

Antes de que una persona experimente la vida vencedora, no sabrá qué hacer cuando caiga. No sabrá cómo restaurar su comunión con Dios ni cómo recibir nuevamente la luz de Dios.

Se sentirá como si estuviese en la base de una gran escalera sin saber cómo volver a subir. Después de vencer, es posible que caiga de vez en cuando, pero en unos segundos será restaurado. Inmediatamente confesará sus pecados y será limpio. El podrá darle gracias al Señor y alabarlo de inmediato. Y Cristo vivirá Su victoria desde su interior una vez más. Esta es la gran diferencia entre vencer y no haber vencido.

LA RELACION DIARIA CON CRISTO

Quisiera que prestaran atención a 1 Juan 5:11-12, que dice: "Y éste es el testimonio: que Dios nos ha dado vida eterna; y esta vida está en Su Hijo. El que tiene al Hijo, tiene la vida; el que no tiene al Hijo de Dios, no tiene la vida". ¿Habían visto esto antes? ¿Cómo se nos da la vida vencedora? Se nos da en el Hijo. Es imposible recibir la vida vencedora por otro medio que no sea el Hijo. El que tiene al Hijo, tiene la vida; el que no tiene al Hijo de Dios, no tiene la vida. Cuando Dios nos da a Su Hijo, no solamente nos da una receta médica, sino al doctor mismo. Dios no meramente nos da la vida; El nos la da en Su Hijo. Tener la vida vencedora no es simplemente un asunto de recibir la vida, sino de recibir al Hijo de Dios. Por lo tanto, cuando nuestra relación con Cristo no es correcta, surgen los problemas. Una vez que dudemos de la fidelidad de Cristo y de Sus promesas, tendremos problemas en nuestro interior. Dios no nos da la paciencia, la mansedumbre ni la humildad independientemente de Cristo. El nos da la paciencia, la mansedumbre y la humildad en Su Hijo. Tan pronto surge algún problema en nuestra relación con Su Hijo, perdemos la victoria. Es por esto que necesitamos tener la debida relación con Cristo todos los días.

Todos los días debemos decir: "Señor, Tú eres mi Cabeza y yo soy un miembro Tuyo. Señor, Tú sigues siendo mi vida y mi santidad". Si ponemos la mirada en nosotros mismos, no encontraremos ninguna de estas cosas. Pero si nuestra mirada se vuelve a Cristo, lo tendremos todo. Esto es fe. No podemos aferrarnos a la santidad, la victoria, la paciencia ni la humildad aparte de Cristo. Una vez que tenemos a Cristo, tenemos la santidad, la victoria, la paciencia y la humildad.

Los chinos tenemos este proverbio: "Mientras permanezca verde la montaña, no escaseará la leña". Dios no nos da "la leña", sino "la montaña". Mientras "la montaña" esté ahí, habrá "leña". Nosotros creemos que el Hijo de Dios vive en nosotros. La causa principal del fracaso de muchos cristianos es que viven por sentimientos y no por fe. Cuando caemos, no significa que todo lo que hayamos experimentado hasta ese punto haya quedado anulado o se haya perdido. Sólo significa que algo ha fallado en nuestra fe. Nunca debemos pensar que una persona tiene que caer después de haber vencido. Antes de vencer tenemos que caer. Dios quiere que caigamos, y que caigamos miserablemente. Pero después de vencer, no tenemos que caer. Aun cuando caigamos, tales fracasos deben ser sólo ocasionales. Cuando estamos en Adán y nos sentimos fríos, insensibles e impuros, significa que en realidad estamos fríos insensibles e impuros. Pero cuando estamos en Cristo, debemos decirnos a nosotros mismos que tenemos santidad y victoria. Todo lo que afirmemos tener lo obtendremos.

**CRECEMOS AL CONOCER LA VERDAD
Y RECIBIR LA GRACIA**

Finalmente, examinemos lo que significa crecer. Estamos de acuerdo en que después de vencer debemos seguir creciendo. Algunos son demasiado orgullosos; creen que después de haber vencido ya han sido santificados y no necesitan avanzar. Puede ser cierto que hayamos vencido y que hayamos sido santificados, pero debemos darnos cuenta de que ser introducidos en una experiencia es lo mismo que pasar por una puerta. Es imposible andar por el camino sin entrar por la puerta. Sólo podemos crecer después de haber vencido. Debemos comprender que el hombre posee libre albedrío, es un ser racional y tiene sentimientos. Cuando vencemos, solamente vencemos los pecados de los cuales tenemos conocimiento; no podemos vencer los pecados que ignoramos. Es por esto, que necesitamos el crecimiento.

¿De qué pecado está consciente usted? Suponga que es la ira. Si verdaderamente ha vencido en Cristo, usted tendrá la paciencia que vence la ira y no podrá crecer más en lo que a la paciencia se refiere. Su paciencia es la paciencia máxima, porque es la paciencia de Cristo. Es la misma paciencia que Cristo tuvo mientras vivió en la tierra durante Sus treinta y tres años y medio. Si su paciencia no es una paciencia falsa, sino que es la paciencia de Cristo, no es posible tener más paciencia, porque usted ya tiene la paciencia de Cristo. Solamente podemos vencer los pecados de los cuales estamos conscientes. Sin embargo, existen pecados de los cuales no estamos conscientes, y éstos no se incluyen en nuestra experiencia de la victoria de Cristo. Por consiguiente, necesitamos leer Juan 17:17 que dice: "Santifícalos en la verdad". Por un lado, tenemos 1 Corintios 1:30, que dice: "Mas por El estáis vosotros en Cristo Jesús, el cual nos ha sido hecho de parte de Dios sabiduría: justicia y santificación y redención". Por otro lado, tenemos Juan 17:17, que dice: "Santifícalos en la verdad". Cristo nos santifica, y la verdad aumenta la medida de esta santificación. ¿Hay algún hermano que conozca toda la Biblia desde el día de su salvación? No, la conocemos gradualmente. La verdad nos dice lo que es correcto y lo que no lo es. Por ejemplo, es posible que hace dos años no tuviéramos conocimiento de que cierto asunto era pecado. Ahora vemos que lo es. Es posible que hace dos semanas no tuviéramos conocimiento de que algo era pecaminoso, pero hoy nos damos cuenta de que es pecado. Muchas de las cosas que pensábamos que eran buenas y que aprobábamos, vienen a ser pecado para nosotros.

Hay una diferencia entre el pasado y el presente, porque cuanto más conocemos la verdad, más pecado descubrimos, y cuanto más pecado descubrimos, más necesitamos que Cristo sea nuestra vida. Cuanta más capacidad tenemos, mayor es nuestra necesidad de Cristo. Necesitamos estudiar la Palabra de Dios diariamente de una manera cuidadosa para poder ver lo que es pecaminoso. Cuanto más veamos nuestros pecados, más tendremos que decirle al Señor: "Dios, muéstrame en estos asuntos que Cristo es mi victoria y mi suministro". Si deseamos crecer, es indispensable que tengamos la luz de la verdad. La luz de la verdad expondrá nuestros errores y nos mostrará nuestra propia vulnerabilidad. Una vez que la luz de la verdad exponga nuestra condición, nuestra capacidad aumentará, y cuanto más aumenta nuestra capacidad, más podremos asimilar.

Me agrada mucho 2 Pedro 3:18 que dice: "Antes bien, creced en la gracia y el conocimiento de nuestro Señor y Salvador Jesucristo". Este es uno de los pocos pasajes de la Biblia que habla del crecimiento. Crecemos en la gracia. ¿Qué significa crecer en la gracia? Nadie crece para entrar en la gracia; todos crecemos en la gracia. No es posible decir que crecemos para entrar en la gracia; sólo podemos crecer estando ya en la gracia.

¿Qué es la gracia? La gracia consiste en que Dios haga algo por nosotros. Crecer en la gracia significa que necesitamos que Dios obre más en nuestro lugar. Supongamos que Dios ya ha hecho cinco cosas por mí. Pero todavía quedan otra tres cosas que El debe hacer. Dado que mi necesidad ha aumentado, necesito que Dios haga más por mí. En esto consiste la relación entre la gracia y la verdad: la verdad pone de manifiesto nuestra necesidad, mientras que la gracia suple esa necesidad. La verdad nos muestra dónde está nuestra escasez, mientras que la gracia llena este vacío. ¡Aleluya! Dios no sólo tiene la verdad, sino también la gracia. En el Antiguo Testamento, los hombres fracasaban repetidas veces porque sólo tenían la verdad; ellos no tenían la gracia. Tenían la ley, pero no tenían la fuerza para guardarla. Damos gracias y alabanzas al Señor, "pues la ley por medio de Moisés fue dada, pero la gracia y la realidad vinieron por medio de Jesucristo" (Jn 1:17). Damos gracias al Señor por habernos mostrado la verdad y suministrado la gracia. ¡Aleluya!

Puedo decir delante del Señor: "Seré un mendigo para siempre. Siempre seré pobre. Tengo que venir a Ti hoy, y tendré que venir a Ti mañana y pasado mañana". Agradecemos a Dios porque podemos hacerle peticiones todos los días. Podemos hacer súplicas el lunes, y luego pedir más el martes. Si molestamos a Dios y le pedimos de esta manera, El dirá que hemos crecido en la gracia. Cuanto más veamos nuestros fracasos, más súplicas le haremos a Dios. Pediremos que El se haga cargo de nuestro caso. Le diremos: "Señor todavía sigo siendo incapaz. Necesito que Tú te encargues de estos asuntos". Cuando nos demos cuenta de que hemos hecho algo

incorrecto, lo primero que debemos hacer es decirle a Dios:
"Te confieso mis pecados. (En estos casos, usted debe darle
nombre propio al pecado. Debe llamar pecado al pecado). Dios,
no me cambiaré a mí mismo. He aprendido una lección más.
No puedo cambiarme ni tengo la intención de hacerlo. Te
agradezco porque ésta es otra oportunidad para gloriarme en
mi debilidad. Te doy gracias, Dios, porque Tú puedes hacerlo.
Te doy gracias porque puedes quitar mi debilidad". Hermanos
y hermanas, cada vez que nos gloriemos en nuestra debilidad,
el poder de Cristo extenderá tabernáculo sobre nosotros.
Cada vez que digamos que no podemos lograrlo, Dios nos mostrará que El sí puede. Si hacemos esto continuamente,
creceremos.

Esta noche les daré unos cuantos ejemplos de lo que significa crecer. Existen muchos pecados que no reconocemos como
tales. Pero una vez que nos demos cuenta de que lo son, debemos decir: "Dios, he pecado. Necesito que Cristo exprese Su
vida en mí". Puedo contarles que una vez un hombre me trató
mal, y yo le respondí con unas cuantas palabras precipitadas.
Sabía que estaba mal responder como lo hice, pero yo argu-
mentaba que él estaba más errado que yo, y que él no
me había ofrecido disculpas. Yo sólo estaba errado un poco.
¿Por qué tenía yo que ofrecer disculpas? Sin embargo, Dios
quería que yo lo hiciera. Esa persona me había ofendido, yo la
había perdonado, y ya se me había pasado el enojo. Aún así,
tenía que pedirle perdón. Pensaba que todo iba bien, pero me
encontraba por debajo de la norma de Mateo 5, la cual dice
que tenemos que amar a nuestros enemigos. Si yo pudiera
amar a esa persona, sería capaz de amar a un gato o un perro.
Escribí una carta en la que reconocía haber hablado precipi-
tadamente, pero como no podía amar a esa persona, decidí no
enviarla. Pensé escribirle otra cuando lo pudiera amar. Yo
no lo odiaba y ya lo había perdonado, pero no podía amarlo.
Sólo Dios podía amarlo. Dios dice que amar es la verdad y que
no amar es pecado. Quería vencer y quería pelear con fe. Le
dije al Señor: "Si Tú no haces que lo ame, no podré amarlo".
Cuando dije que no podía amar y que Dios era el único que
podía amar, terminé amándolo. Por una parte, la verdad nos
dice que debemos amar; por otra, la gracia nos suministra la

fuerza para amar. Tales casos, a veces toman unos cuantos minutos y a veces varios días. La señorita Fischbacher tenía una colaboradora que siempre la molestaba. Esta colaboradora siempre salía con unas ideas que la hacían sufrir. Si la señorita Fischbacher decía que había cierta cosa, la colaboradora le decía que eso no era así. Si la señorita Fischbacher decía que algo no era así, ella alegaba que sí. Parecía como si siempre tratara de demostrarles a los demás que la señorita Fischbacher no era sincera. La señorita Fischbacher trataba de soportar todo esto, pero no podía hacer nada en cuanto a su comportamiento. Cada vez que la señorita Fischbacher se encontraba con ella, recibía una palmadita en la espalda o un apretón de mano en señal de afecto. Por fuera todo parecía estar bien, pero en el fondo no lo estaba. Un día la señorita Fischbacher leyó 1 Pedro 1:22, que dice: "Amaos unos a otros entrañablemente, de corazón puro". Ella reflexionó y pensó que era imposible amar a aquella persona, y mucho menos amarla entrañablemente. Ella le dijo al Señor: "No puedo vencer este asunto. Señor, he descubierto que esto es pecado. Tú has dicho que debemos amar a los hermanos entrañablemente, pero yo no consigo hacerlo. Esto sin duda es un pecado". Pidió al Señor que le quitara este pecado. Ella no odiaba a esa persona, y había estado algún tiempo con ella, pero se le hacía difícil amarla. Cada vez que la veía, hacía todo lo posible por amarla, pero nada conseguía. Un día ella se encerró en su cuarto y oró a Dios: "Yo debo amar a esta persona pero no puedo. Esto es pecado. No te dejaré, hasta que pueda amar a esta persona". Ella oró durante tres horas. Al final, el amor del Señor inundó su corazón, y sentía que podía hasta morir por esta persona. No sólo la amaba, sino que la amaba entrañablemente. Debido a que la amaba entrañablemente, oró por ella toda la noche. Al día siguiente, después de su día normal de trabajo, oró una vez más por ella. No sólo estaba experimentando la victoria, sino también el poder. Esta es la manera en que la verdad nos santifica. Esto es lo que significa crecer en la gracia. La verdad nos capacita para ver lo que es pecado, y la gracia nos suministra la fuerza para vencer el pecado. Una vez que descubrimos que algo es pecaminoso, no desistimos hasta vencer. Esta es la manera en que día a día crecemos en la gracia.

Había tres hermanas británicas, una de las cuales estaba comprometida, y las otras dos habían decidido quedarse solteras. Las tres laboraban para el Señor en el interior de la China. La hermana que estaba comprometida era la más descontenta de las tres. Aunque su prometido le escribía con frecuencia para consolarla, ella se deprimía constantemente. Un día se puso a llorar en su cuarto pues se sentía sola. Las dos hermanas le preguntaron: "¿Por qué te sientes así? Tienes un novio que siempre te escribe. Nosotras tenemos más razones que tú para sentirnos solas". Después de que le dijeron esto, regresaron a sus cuartos y de repente también se sintieron solas. Se pusieron a pensar en su labor en las regiones del interior de la China, lo extraña que era la comida, y lo incómoda que era la vivienda. ¡Cuánta soledad experimentaron! Hermanos, verdaderamente el pecado es algo contagioso. Mientras se lamentaban de su situación, recordaron la palabra del Señor: "Yo estoy con vosotros todos los días hasta la consumación del siglo" (Mt. 28:20). También recordaron Salmos 16:11, que dice: "En tu presencia hay plenitud de gozo; delicias a tu diestra para siempre". Ellas le dijeron al Señor: "Es un pecado sentirnos solas. Tú nos has dicho que estarás con nosotras hasta la consumación del siglo; por lo tanto, reconocemos que sentirnos solas es un pecado. Tú has dicho que en Tu presencia hay plenitud de gozo y que a Tu diestra hay delicias para siempre; por lo tanto, reconocemos ante Ti que sentirnos solas es un pecado". Ambas se arrodillaron y oraron: "Señor, reconocemos que sentir la soledad es pecado". Desde el momento en que ellas confrontaron el sentimiento de soledad de una forma tan específica, nunca volvieron a sentirse solas. ¡Aleluya, el sentimiento de soledad nunca volvió!

Hermanos y hermanas, podemos descubrir pecados todos los días, y cada día podemos encontrar fracasos, pero al mismo tiempo tenemos el suministro fresco de la gracia. "Porque de Su plenitud recibimos todos, y gracia sobre gracia" (Jn. 1:16). La recibimos cierto día, y seguimos recibiéndola una y otra vez.

Hubo una hermana que servia al Señor en la India y tenía muchas ansiedades. Un día leyó Filipenses 4:6, donde dice: "Por nada estéis afanosos, sino en toda ocasión sean conocidas vuestras peticiones delante de Dios por medio de oración y súplica, con acción de gracias". Ella pudo ver que la ansiedad era pecado y que no dar gracias también era pecado. Hermanos y hermanas, una vez que reconocemos un pecado tenemos que confesarlo al Señor y también debemos reconocer que el Señor vive en nuestro interior. Esto es lo que significa crecer. Nuestra victoria en Cristo es absoluta; o sea que no es posible mejorarla. Pero la esfera de nuestra victoria siempre se expande. Cada persona recibe de parte del Señor diferentes grados de luz. Cuanta más luz un hombre reciba, más progresará. Cuanto más una persona esté consciente de cierto pecado, mayor será la provisión que reciba de parte de Dios, y cuanto menos luz reciba de parte del Señor, menos suministro recibirá. Hermanos y hermanas, tenemos que conocer la relación que la verdad y la gracia tienen con nosotros. Espero que todos le digamos a Dios todos los días: "Señor, no puedo lograrlo, ni tengo la intención de hacerlo". Todos los días tenemos que orar al Señor pidiéndole que nos dé luz y gracia. Es posible que fallemos accidentalmente, pero podemos ser restaurados en un segundo. Si hacemos esto día tras día, nuestro crecimiento sobrepasará nuestras expectativas porque será el trabajo exclusivo de Cristo. ¡Aleluya, ésta es la salvación plena! ¡Aleluya! El nos está guiando hacia adelante. ¡Aleluya, Satanás no podrá hacernos nada! ¡Aleluya, Cristo ya venció!

CAPÍTULO DIEZ

EL TONO DE LA VICTORIA

Lectura bíblica: Sal. 20:5; 2 Cr. 20:1, 3, 12, 15, 17-22, 24, 26-28

En estas noches hemos estudiado la manera en que el cristiano puede vencer. Gracias a Dios que muchos hermanos y hermanas entre nosotros han empezado a experimentar la vida que vence. Anoche vimos la manera en que la vida vencedora puede crecer. Hoy examinaremos otro tema, el tono de la victoria. Frecuentemente una persona canta usando las palabras correctas, pero en la nota equivocada. Recuerden que la vida vencedora también tiene su tono. No es suficiente que las palabras sean correctas; el tono también debe serlo. Veamos el significado de la nota de la victoria.

Salmos 20:5 dice: "Nosotros nos alegraremos en tu salvación". La palabra "salvación" también puede traducirse "victoria". No existe una gran diferencia entre la salvación y la victoria, pues son dos aspectos de una misma cosa.

Damos gracias al Señor porque muchos hermanos y hermanas han entrado por la puerta de la victoria, pero después de que uno experimenta esto, aún necesita tener el tono correcto de la victoria. Posiblemente no entiendan lo que significa tener el tono correcto. Quizás lo podríamos decir en otras palabras: la victoria tiene sus propias características. ¿Cómo sabe uno que ha vencido? ¿Cuándo sabe que ha vencido? Uno está consciente de haber vencido por Salmos 20:5: "Nosotros nos alegraremos en tu salvación".

LA DIFERENCIA ENTRE OBTENER LA VICTORIA Y JACTARSE EN LA VICTORIA

Me pregunto si ustedes conocen la diferencia entre tener victoria y jactarse en ella. ¿Qué es tener victoria y qué es

jactarse en la victoria? La victoria es algo que Cristo ya realizó, y la jactancia en la victoria es algo que nosotros hacemos.
La victoria es obra de Cristo, mientras que jactarnos en la victoria es algo que nosotros hacemos. La victoria nos dice que la
obra se ha realizado y que aún está vigente, mientras que
la jactancia en la victoria es una proclamación continua de
que la victoria ya se ha obtenido. Yo antes jugaba al criquet.
Es un juego muy agotador, ya que la pelota es pesada y las
manos quedan adoloridas después de golpearla muchas veces.
Se compite por una hora con mucho esfuerzo y sudor; hay que
golpear la pelota para hacerla pasar por un pequeño arco,
luego otro, hasta que finalmente atraviesa el último. Esto es
obtener la victoria. Cuando un equipo gana, los demás compañeros agitan sus banderas y se regocijan dando gritos. Esto es
lo que significa jactarse en la victoria. El equipo que participa
obtiene la victoria, pero los compañeros se jactan en esa victoria. ¡Agradecemos a Dios porque la victoria la obtiene Cristo!
No tuvimos que derramar ni una gota de sangre por ella. Aun
así, podemos jactarnos en la victoria que El logró.

Recuerden que después de que un cristiano vence, debe
seguir jactándose con su boca en la victoria. Un día en el que
no pronunciemos un aleluya es un día en el que no nos jactamos en la victoria. Si a diario lo único que vemos son mares de
lágrimas, no estamos jactándonos en la victoria. Nuestro tono
debe estar lleno de regocijo en la salvación y de voces de júbilo
por la victoria de Cristo. Cuando nuestro equipo de criquet
ganaba, llevábamos la victoria a nuestro colegio, y nuestros
compañeros de clase se jactaban en esa victoria. De la misma
forma, nuestro Señor ha ganado la victoria y nos la ha traído
a nosotros. Ahora nosotros podemos jactarnos continuamente
en esta victoria.

Debemos decir: "¡Aleluya, Cristo es victorioso!". Es posible
que quienes no pueden decir aleluya no estén derrotados,
pero tampoco tienen el tono de la victoria. Es posible que un
hombre de Kiangsi hable en el dialecto de los de Pekín. Las
palabras pueden ser correctas, pero la entonación no será la
correcta. Aquellos que no pueden decir ¡Aleluya! tienen el
tono equivocado. No sólo debemos vencer, sino también tener
el tono correcto. Si nuestro tono está errado, los demás

pondrán en duda nuestra victoria, y también nosotros la pondremos en duda. El acento de Pedro era el de un galileo y hasta una sirvienta pudo detectarlo. Cuando nos falte el acento "galileo", nuestra voz indicará nuestra falta de victoria. Debemos tener el acento "galileo". Debemos ser identificados como aquellos que han seguido a Jesús, los que tienen el acento "galileo".

LA JACTANCIA DEL REY JOSAFAT

En el Antiguo Testamento hubo un rey de Judá de nombre Josafat. Leamos 2 Crónicas 20 para ver en qué consiste el tono de su victoria.

En aquella época "los hijos de Moab y de Amón, y con ellos otros de los amonitas, vinieron contra Josafat a la guerra" (v. 1). En los días de Josafat, el reino de Judá era muy débil para luchar contra sus enemigos. Josafat, por supuesto, también sintió temor cuando se miró a sí mismo. No había podido hacer nada antes ni tampoco podría hacer nada ahora. Cuando vinieran los enemigos, ¿qué podría hacer? No podría hacer nada.

Sin embargo, él era un hombre que temía a Dios. El "humilló su rostro para consultar a Jehová, e hizo pregonar ayuno a todo Judá" (v. 3). El no podía hacer otra cosa que acudir a Dios. El oró al Señor: "¡Oh, Dios nuestro! ¿no los juzgarás tú? Porque en nosotros no hay fuerza contra tan grande multitud que viene contra nosotros; no sabemos qué hacer, y a ti volvemos nuestros ojos" (v. 12). El reconoció su impotencia y puso sus ojos en el Señor. Hermanos y hermanas, durante los últimos días hemos repetido muchas veces las condiciones para rendirse, que son: (1) comprender que no podemos lograr la victoria por nuestra cuenta y (2) no tratar de hacerlo. Además debemos creer en Dios. Esto fue lo que hizo Josafat: reconoció esto al decir que no tenía la fuerza para resistir al enemigo, ni tampoco sabía qué hacer. No tenía más alternativa que acudir al Señor.

Inmediatamente Dios le envió un profeta que le dijo: "No temáis ni os amedrentéis delante de esta multitud tan grande, porque no es vuestra la guerra, sino de Dios" (v. 15). ¡La guerra es del Señor! Ni la victoria ni el fracaso dependen de nosotros. Ni el mal genio, el orgullo, las dudas, los pensamientos impuros, la avaricia y todo tipo de pecado nada tienen que ver con nosotros. La batalla no es nuestra, sino de Dios. El dice: "No habrá para qué peleéis vosotros en este caso" (v. 17). Dios sólo nos exige que permanezcamos de pie, firmes. El quiere que nosotros bajemos las manos y se lo dejemos todo a El. Sólo necesitamos estar parados, quietos y ver la salvación de Jehová (v. 17). Hermanos y hermanas, no somos nosotros quienes luchamos; somos simples espectadores. Cada vez que dejemos de jactarnos en la victoria caeremos. No debemos tener miedo delante de Dios, porque es El quien peleará por nosotros.

Josafat hizo algo más. ¡No sólo permaneció firme observando la batalla, sino que también inclinó su rostro a tierra para adorar a Dios después de escuchar la palabra del profeta. Todo Judá y los habitantes de Jerusalén también se postraron delante de Jehová y lo adoraron. Mientras los otros se disponían a atacarlos, ¿qué hacían éstos por su parte? Pidieron a un grupo de levitas que alabaran al Señor. Ellos estaban vestidos de ornamentos sagrados (v. 21) y fueron delante del ejército alabando a Jehová. ¿Estaban locos? Ellos no tenían temor de las rocas ni de las flechas; iban cantando alabanzas a Dios. Este es el tono de la victoria. Ellos tenían el tono de la victoria porque sabían que Jehová les había concedido la victoria y que los enemigos ya estaban derrotados. Sabían que ya habían ganado la batalla. Algunos creen que cuando las tentaciones vienen, deben luchar y resistirlas. Pero "cuando comenzaron a entonar cantos de alabanza, Jehová puso contra los hijos de Amón, de Moab y del monte de Seir, las emboscadas de ellos mismos que venían contra Judá y se mataron los unos a los otros" (v. 22). Cada vez que entonamos cánticos de alabanzas al Señor, los enemigos son derrotados.

¿Cuál fue el resultado? "Y luego que vino Judá a la torre del desierto, miraron hacia la multitud, y he aquí yacían ellos en tierra muertos, pues ninguno había escapado" (v. 24). Dios da una victoria en la que ninguno escapa o no da victoria en absoluto. Si dependiera de nosotros, podríamos haber dejado unas cinco o seis personas vivas. Pero Dios no dejó ni uno solo vivo. Las palabras "y cuando comenzaron" del versículo 22 son muy significativas. Cuando el pueblo comenzó a cantar, Jehová puso emboscada contra los hijos de Amón, de Moab y del monte de Seir. Hermanos y hermanas, Dios sólo puede obrar cuando nosotros comenzamos a alabar. Cuando comencemos a alabar, Dios comenzará a obrar.

Sé que muchas tentaciones vienen a nuestro encuentro, y también sé que tenemos muchas pruebas. Puede ser que tengamos debilidades físicas, circunstancias adversas u otras dificultades en nuestros trabajos. Es posible que digamos: "¿Qué debo hacer? ¿Cómo puedo vencer?". Hermanos y hermanas, sabemos que debemos vencer, pero nuestro tono está errado. Cuando lleguen las tentaciones debemos decir ¡Aleluya! Cuando vengan las pruebas debemos decir ¡Aleluya! Cuando veamos venir las dificultades debemos decir ¡Aleluya! Una vez que proclamemos ¡Aleluya!, los enemigos serán derrotados. Cuando alabemos, nuestro Dios comenzará a obrar; El entrará en acción cuando nosotros comencemos a cantar.

Hermanos y hermanas, no es suficiente reconocer que no podemos vencer y creer que Dios puede hacerlo. Tenemos que levantar la voz y decir con el corazón: "¡Aleluya! Te doy gracias Dios porque estoy pasando por pruebas. Gracias Dios porque no puedo vencer. Gracias Dios porque la victoria ya es mía". Josafat continuó cantando porque creyó que había vencido. Josafat ya daba por muertos a sus enemigos. Por consiguiente, podía avanzar y cantar. El no tenía temor de las piedras, porque contaba con que sus enemigos ya estaban muertos. Cuando subieron a la torre y miraron, sólo había cadáveres tendidos en tierra.

DOS ALABANZAS Y ACCIONES DE GRACIAS

"Y al cuarto día se juntaron en el valle de Beraca; porque allí bendijeron a Jehová, y por esto llamaron el nombre de aquel paraje el valle de Beraca, hasta hoy. Y todo Judá y los de Jerusalén, y Josafat a la cabeza de ellos, volvieron para regresar a Jerusalén gozosos, porque Jehová les había dado gozo librándolos de sus enemigos. Y vinieron a Jerusalén con salterios, arpas y trompetas, a la casa de Jehová" (vs. 26-28). Nuestra alabanza y acción de gracias consta de dos secciones.

Una de ellas sucede antes de la victoria, y la otra, después de que la victoria se ha obtenido. El gran error que cometemos hoy es que no alabamos antes de la victoria; nos reservamos esta alabanza y esperamos para ver qué sucede. Muchos hermanos y hermanas han reconocido que no pueden vencer y han dicho que tampoco tratarán de hacerlo; han creído en los hechos cumplidos de Dios y en que Cristo es su victoria. Pero no se atreven a decir: "Aleluya, he vencido". Un hermano dijo que tenía que esperar para ver si traería resultados. Otra hermana dijo que tenía que esperar para ver si esto produciría el resultado esperado. Con esto ellos daban a entender que alabarían a Dios al día siguiente, sólo si veían algún resultado. Pero Josafat ofreció dos alabanzas. Todo vencedor debe ofrecer dos alabanzas: la alabanza anterior a ver algún resultado, y la alabanza que se eleva después de que se ha visto el resultado. Este es el tono de la victoria. Cuando detenemos nuestra alabanza, somos derrotados y perdemos la victoria.

Nosotros nos preguntamos si hemos vencido o no, pero yo les pregunto si han gritado "¡Aleluya!". "Aleluya" es el tono de la victoria. Si el tono es correcto, la victoria es genuina. Tal vez podamos fingir muchas cosas, pero no podremos fingir el tono de la victoria. Todo vencedor tiene un tono de continuo regocijo y alabanza. Podemos darnos cuenta de dónde procede una persona por su acento o su entonación. También podemos decir si alguien ha vencido, por el tono que usa. La señal de victoria es el grito de "aleluya" y "Gloria al Señor". Cuando venga la tentación, la señal de la victoria es poder decir: "¡Aleluya, gloria al Señor!". Una persona que se fija en sí misma no puede alabar al Señor. Solamente los que tienen su mirada fija en el Señor pueden alabarlo. Si nos miramos a nosotros mismos, nos daremos cuenta de que somos incapaces y no podremos decir: "¡Aleluya, gloria al Señor!". Cuando contemplemos al Señor, podremos decir: "¡Aleluya, gloria al Señor!". No importa si las tentaciones aumentan ni si los moabitas y lo amonitas son más numerosos que antes. La guerra es del Señor, y no nuestra. El Señor se encarga de todo. Por lo tanto, el tono de la victoria se encuentra en nuestro regocijo continuo, nuestra alabanza y nuestra acción de gracias al Señor. No tenemos que esperar hasta fracasar, contaminarnos y pecar para poder decir que fuimos derrotados. Tan pronto detenemos la alabanza y la acción de gracias, ya perdimos la victoria. No tenemos que cometer un pecado muy grande; cada vez que dejemos de jactarnos en la victoria del Señor y de darle gracias y cantar alabanzas a El, habremos perdido nuestra victoria. Hermanos y hermanas, la vida vencedora que Dios nos ha dado canta "aleluya" y se regocija todos los días. Cuando esta señal desaparece, la victoria se ha perdido.

MANTENER LA VICTORIA EN GOZO Y REGOCIJO

Conocemos bien Nehemías 8:10, que dice: "Porque el gozo de Jehová es vuestra fuerza". La vida que Dios nos dio se expresa en gozo. Nuestro Señor Jesús vive en una atmósfera de gozo, regocijo, alabanzas y acción de gracias. Esta es la lección que he aprendido en estos últimos años. Anteriormente sabía que había sido perdonado y que había perseverado, me había consagrado y había obedecido al Señor. Pero sentía algo de amargura y tenía algunas pequeñas quejas. No podía darle gracias al Señor ni alabarlo. Cuando no podemos darle gracias al Señor ni alabarlo, estamos derrotados. Hermanos y hermanas, nuestra victoria se descubre en nuestro gozo. Cada vez que dejamos a un lado nuestro gozo y regocijo, hemos desechado también nuestra victoria. Cuando desechamos nuestro gozo y nuestro regocijo, quedamos atados. Un hermano testificó que nunca se había dado cuenta tanto como en estos últimos días, de la fuerza que el gozo proporciona. Si no estamos gozosos y regocijándonos, nos encontraremos deprimidos. Tenemos que mantener nuestra victoria en gozo y regocijo. La victoria es como un pez que debe mantenerse en el agua. La victoria debe mantenerse en gozo y regocijo.

REGOCIJARSE EN LA PRUEBAS
Y EN LAS TRIBULACIONES

¿Cómo podemos regocijarnos? Podemos regocijarnos y alabar a Dios con gozo por muchas cosas. Por ejemplo, si hemos cruzado la puerta de la victoria y del poder, podemos regocijarnos y alabar a Dios con gozo. Sin embargo, la Biblia dice que también podemos regocijarnos en muchas de las cosas que normalmente no nos traen regocijo. Podemos encontrar en la Biblia las cosas por las cuales podemos regocijarnos.

Dice en 2 Corintios 8:2: "Que en grande prueba de tribulación, la abundancia de su gozo y su profunda pobreza abundaron en riquezas de su liberalidad". Este versículo nos dice que los macedonios tenían abundancia de gozo en medio de muchas pruebas y aflicciones. No dice que tuvieran una o dos gotas de gozo, sino abundancia de gozo. Hermanos y hermanas, tenemos que regocijarnos y tener abundancia de gozo. Aun en medio de las tribulaciones debemos regocijarnos. La vida de Cristo es una vida de victoria, y nosotros podemos jactarnos en Su victoria. Aunque grandes ejércitos nos amenacen y grandes tribulaciones estén a nuestra espera, podemos regocijarnos y alabar al Señor. Una de las características de la victoria es que rebosa de alabanzas y de acción de gracias en medio de la tribulación.

Había un hermano que trabajaba en el ferrocarril y había perdido una pierna en un accidente al pasar un tren. Cuando despertó en el hospital después del accidente, le preguntaron si todavía podía darle gracias al Señor y alabarlo. Respondió: "Le doy gracias al Señor y lo alabo porque solamente perdí una pierna". Hermanos y hermanas, aunque este hermano tenía una tribulación grande, podía darle gracias y alabanzas al Señor. Este es el tono de la victoria. El tono de la victoria es la acción de gracias y las alabanzas en medio de la tribulación.

Jacobo 1:2 dice: "Hermanos míos, tened por sumo gozo cuando os halléis en diversas pruebas". Leemos en 1 Pedro 1:6: "En el cual vosotros exultáis". ¿A qué se refiere esto? El versículo 8 dice: "A quien amáis sin haberle visto, en quien creyendo, aunque ahora no lo veáis, os alegráis con gozo inefable y colmado de gloria". En el capítulo 4, versículos 12 y 13 dice: "Amados, no os extrañéis por el fuego de tribulación en medio de vosotros que os ha venido para poneros a prueba, como si alguna cosa extraña os aconteciese, sino gozaos por cuanto participáis de los padecimientos de Cristo, para que también en la revelación de Su gloria os gocéis con gran alegría". Estos pasajes nos dicen cómo debemos comportarnos en los momentos de tribulación. El libro de Jacobo habla de "diversas pruebas". Esto incluye tanto las pruebas que debemos afrontar como las que no deberíamos afrontar; todas vienen al mismo tiempo. Vienen los enemigos, los amigos, los incrédulos, los hermanos y también las cosas razonables y las absurdas. Vienen toda clase de pruebas, pero ninguna de ellas puede quitarnos el gozo. Recuerden que en la Biblia la palabra gozo siempre va acompañada de adjetivos tales como *gran* y pleno. Todos los gozos que proceden de Dios son grandes y plenos. Leemos en 1 Pedro 1:6 que uno se regocija, mientras que la aflicción es sólo por "un poco de tiempo". ¿Es posible estar afligidos? Sí, es posible; de hecho, es inevitable que nos sintamos afligidos. Mientras tengamos ojos, siempre brotarán las lágrimas. Mientras tengamos conductos lagrimales, las lágrimas siempre saldrán. Pero aunque haya lágrimas, también puede haber regocijo. Por consiguiente, 1 Pedro 1:8 habla de: "Gozo inefable y colmado de gloria". No hay palabras para describir este gozo. Muchas veces mientras aún hay lágrimas en nuestros ojos, podemos estar gritando: "Aleluya!". Muchas veces mientras las lágrimas ruedan por nuestras mejillas, nuestros labios están dando gracias a Dios y alabándolo. Muchas lágrimas han corrido mezcladas con acción de gracias y alabanzas. La señorita M. E. Barber escribió un himno que contiene la siguiente línea: "Que mi espíritu te alabe, aunque esté partido el corazón" (*Hymns,* #377). Mientras vivamos en la tierra, no podemos evitar que nuestro corazón en ocasiones sea partido. El corazón siente, pero aún así, el espíritu puede alabar al Señor. Dice en 1 Pedro 4:12 que no sólo debemos gozarnos en medio de las tribulaciones, sino también cuando las pruebas vengan. Esto significa que debemos recibir las pruebas y decir: "Damos gracias al Señor y lo alabamos porque las pruebas están otra vez aquí".

Algunos hermanos fruncen el ceño cuando ven venir las pruebas y murmuran: "¡Aquí están otra vez!". Pero Pedro nos dijo que diéramos gracias a Dios con gozo de que estuvieran de nuevo aquí. Cada vez que le damos gracias al Señor y lo alabamos, nos ponemos por encima de las pruebas. Nada puede ponernos por encima de las tentaciones, las circunstancias y las dificultades mejor el gozo, la acción de gracias y la alabanza. Este es el tono apropiado de la victoria y se expresa en un vencedor.

En Chefoo una hermana que había entrado en la experiencia de la vida vencedora, se encontraba bajo pruebas muy severas. Su hija acababa de morir, y su esposo se hallaba muy lejos. Al morir su hija, los hermanos y hermanas vinieron para consolarla. Aunque sus ojos estaban llenos de lágrimas, su rostro estaba lleno de alegría. Ella dijo: "Gracias Señor, te alabo. Aunque no entiendo por qué murió mi hija, sigo llena de gozo". Los hermanos y hermanas trataban de consolarla, pero fue ella quien los consoló a ellos. Un gozo así no puede ser fingido. La victoria se sostiene por esta clase de gozo. Uno puede alabar al Señor con gozo en medio de la prueba.

Permítanme decirles algo que tal vez no les agrade mucho: los cristianos son un modelo para los demás moradores de la tierra. Dios nos ha puesto sobre la tierra como modelo para los demás. Si lloramos cuando otros lloran y nos desanimamos cuando otros se desaniman, seremos iguales que los demás. ¿Dónde está entonces nuestra victoria? Nosotros debemos mostrarle al mundo que en medio de estas situaciones, tenemos gozo y fortaleza. Quizá les parezcamos locos, pero tendrán sed del Cristo que nos vuelve tan "locos". Que el Señor nos conceda Su gracia para que expresemos la victoria de Cristo en medio de las tribulaciones.

Mateo 5:11-12 dice: "Bienaventurados sois cuando por Mi causa os vituperen y os persigan y digan toda clase de mal contra vosotros, mintiendo. Regocijaos y exultad, porque vuestra recompensa es grande en los cielos". Es posible que soportemos cuando otros nos vituperen y que no respondamos palabra alguna cuando otros nos persigan. Pero no es suficiente soportar ni quedarnos callados. Si sólo soportamos y nos quedamos callados, ya estaremos derrotados. El mundo también puede soportar y quedarse callado. Los monjes pueden hacer lo mismo y también los discípulos de Confucio. Nosotros debemos ser diferentes a ellos. Cuando otros nos vituperen, deberíamos decir: "Señor, te agradezco y te alabo". Debemos tener por gozo que otros nos vituperen. Cuando otros nos persigan debemos darle gracias al Señor y considerar esto una oportunidad para gozarnos. Si nuestra victoria es genuina, debemos regocijarnos sobremanera. Si la victoria sólo significa sufrir los vituperios, no pasa de ser un simple esfuerzo humano. El esfuerzo humano resulta en represión, mientras que toda obra del Señor resulta en gozo y regocijo. Hermanos y hermanas, todo se pone de manifiesto en nuestro tono. El error más grande hoy es que el hombre piensa que soportar es la mayor de las virtudes. Cuando otros nos vituperan, ¿podemos regocijarnos grandemente? Cuando otros nos vituperan, ¿nos limitamos a mirar hacia el suelo y cerrar la boca? Hay muchas personas que experimentan persecución. Muchas hermanas son perseguidas por sus esposos. Muchos son calumniados y difamados. ¿Qué hacen ellos? Oran para que el Señor les ayude a no perder la paciencia. Creen que si no pierden la calma o no explotan, habrán vencido. Pero, ¿han vencido en realidad? Es cierto que tienen victoria, pero no es la victoria que el Señor da. Si fuese la victoria del Señor, podrían darle gracias y alabarlo grandemente en medio del vituperio y la persecución. Permítanme repetir: cada vez que descubramos que no podemos dar gracias al Señor ni alabarlo, estaremos derrotados. El tono de la victoria es acción de gracias y alabanzas.

Hubo un hermano que en cierta ocasión estaba sentado en un tranvía al lado de un gran enemigo suyo. El oró al Señor diciendo: "Señor, guárdame". Mientras oraba, trataba de mantener una buena actitud, y hasta conversaba con su enemigo sobre las noticias y los deportes. Pero en su interior, oraba incesantemente pidiendo que el Señor hiciera que su enemigo se bajara del tranvía antes que él y para que el Señor lo mantuviese en victoria en todo el camino. Finalmente después de mucha lucha, llegó a su destino y se bajó del tranvía. Suspiró profundamente sintiéndose mas aliviado y dijo: "He vencido". Pero, ¿qué clase de victoria fue ésta? Esta es una victoria engañosa, fabricada por el hombre y vacía. Si fuese la victoria de Dios, no habría sido necesario orar pidiendo ser guardado ni pidiendo ayuda para soportar. Sólo necesitaba decir: "Dios, te doy gracias y te alabo por haberme puesto aquí. Ya que me has puesto aquí, no importa si me dejas aquí más tiempo".

Filipenses 4:4 dice: "Regocijaos en el Señor siempre". Al describir el gozo, la Biblia usa las palabras *gran, pleno* o *siempre*. Pablo decía: "¿Ya oyeron esta palabra? Si todavía no la han escuchado, permítanme repetírsela: ¡Regocijaos!". Si acaso no lo hubiésemos captado, lo decía una vez más: debemos regocijarnos. La vida que Dios da es una vida de gozo. La vida diaria del cristiano debe estar llena de regocijo. Puede ser que haya pruebas y tribulaciones, pero habrá regocijo. Lo opuesto de regocijarse es estar ansioso. Muchos están ansiosos por sus hijos, por su dinero o por sus negocios. Pero la Palabra del Señor dice: "Por nada estéis afanosos" (Fil. 4:6). Pensamos que la ansiedad es justificaba, pero el Señor dice: "Por nada estéis afanosos". ¿Por qué? Porque debemos regocijarnos siempre.

Si dejamos de regocijarnos un solo día, habremos pecado ese día. Una vez, en una conferencia, un hermano predicaba acerca de no estar ansiosos por nada. Al escuchar esto una hermana, se enojó en gran manera. Ella pensaba: "¿Cómo puede una persona no estar ansiosa? Si los hermanos fuesen un poco más afanosos, podrían servirnos mejor comida" (Los hermanos estaban encargados de la comida en esa conferencia). Pero el Señor no la dejó como estaba. Ella finalmente pudo ver que la ansiedad era un pecado y pudo así vencer.

Puedo hablar mucho más sobre este tema. Pablo dijo en 2 Corintios 12:10: "Me complazco en las debilidades, en afrentas, en necesidades, en persecuciones, en angustias". Pablo se regocijaba en las debilidades, en afrentas, en persecuciones y en angustias. Hermanos y hermanas, aún no sabemos lo que nos habrá de sobrevenir, pero sí sabemos que mientras vivamos en la tierra, las circunstancias no siempre estarán a nuestro favor. Algunos se enfermarán; otros tienen familiares que están enfermos. Otros tienen parientes que están muriendo, y otros están afrontando persecuciones. ¿Qué vamos a hacer? Podemos decirle al Señor que lo soportaremos todo. Pero decir esto significa que ya hemos fracasado. Si por el contrario decimos: "Señor te agradezco y te alabo", seremos victoriosos, y Cristo se manifestará en nosotros. Le daremos al Señor la oportunidad de manifestar Su poder y nos regocijaremos. Esta es nuestra experiencia cotidiana en esta tierra. Debemos regocijarnos, alabar al Señor y darle gracias continuamente.

En 1 Tesalonicenses 5:18 dice: "Dad gracias en todo". Debemos dar gracias en todo. Colosenses 3:17 dice: "Y todo lo que hacéis, sea de palabra o de hecho, hacedlo todo en el nombre del Señor Jesús, dando gracias a Dios Padre por medio de El". Estos dos pasajes de las Escrituras lo abarcan todo. Lo que no hayamos abarcado en los otros pasajes, quedan incluidos en estos dos versículos. Le doy gracias y alabo al Señor por esto. Puedo decir ¡Aleluya! Otros pueden preguntarse qué sucede con nosotros, pero podemos dar gracias en todo y alabar a Dios por todo. Hermanos y hermanas, si hacemos esto, prevaleceremos sobre cualquier tentación y resistiremos toda prueba. Ninguna prueba o tribulación nos vencerá. Quienes siguen este camino, hallarán fuerzas para afrontar las tentaciones. Podremos dar gracias al Señor y alabarlo por las tentaciones y por haber obedecido al Señor.

Algunos tal vez piensen que me opongo a la perseverancia. Perseverar es valioso y correcto. Pero la perseverancia que necesitamos no es la que viene cuando nos esforzamos. Colosenses 1:11 dice: "Para toda perseverancia y longanimidad con gozo". Sufrimos y perseveramos con gozo. Esta no es una perseverancia amarga o a la cual no estamos dispuestos a aceptar. El tono diario de la vida cristiana es la perseverancia y la longanimidad con gozo. En todo damos gracias y en todo ofrecemos alabanzas. Esta es una vida del tercer cielo.

LA VICTORIA DEL SEÑOR NOS HACE MAS QUE VENCEDORES

¿Por qué la vida vencedora debe manifestarse en regocijo? ¿Por qué debemos regocijarnos antes de poder decir que tenemos una vida que vence? Romanos 8:37 dice: "Antes, en todas estas cosas somos más que vencedores". Dios da una sola clase de victoria, la victoria que nos hace más que vencedores. Una victoria que escasamente logra vencer y que a duras penas nos lleva a la cima, no es una verdadera victoria. La victoria que proviene del Señor nos hace más que vencedores, y sólo se obtiene regocijándonos.

Hermanos y hermanas, nuestra copa está rebosando. Todo lo que Dios da rebosa. Lo que no rebosa no es de Dios. La clase de victoria que Dios da es: "A cualquiera que te abofetee en la

mejilla derecha, vuélvele también la otra; y al que quiera liti-
gar contigo y quitarte la túnica, déjale también la capa; y a
cualquiera que te obligue a ir una milla, ve con él dos" (Mt.
5:39-41). La victoria que rebosa es la victoria de Dios. Vencer
a duras penas, es una victoria fabricada por el hombre; es el
producto del esfuerzo humano.

Hermanos y hermanas, éste es el tono de la victoria. Abra
Dios nuestros ojos para que veamos que cualquier victoria
que no nos haga más que vencedores es sólo un remedo de victoria. Si nos reprimimos y luchamos sólo estamos imitando la
victoria. Si Cristo vive en nosotros, nos regocijaremos en todo
y alabaremos al Señor. Podremos decir siempre: "¡Aleluya,
gloria al Señor!".

CAPITULO ONCE

LA CONSAGRACION

Lectura bíblica: 2 Co. 5:14-15; Ro. 6:13, 16; 12:1-2; 6:19, 22

Esta es la última de nuestras conferencias sobre "La vida que vence". Hay un asunto que debo mencionar. Los mensajes anteriores no nos llevarían muy lejos, si hubiéramos terminado con el mensaje anterior. Sin embargo, no habría sido apropiado mencionar antes el tema que tocaremos en esta ocasión. Vamos a hablar sobre la consagración. Lo primero que debemos hacer después de experimentar la vida que vence es consagrarnos. Por su puesto, esto es lo primero que debiéramos hacer al ser salvos. Sin embargo, a pesar de que muchos son salvos, aún no se han consagrado al Señor. Por lo tanto, después de empezar a experimentar la vida que vence deben consagrarse. Hay algunos que se consagraron desde que fueron salvos, pero caen y se levantan constantemente, y no tienen la frescura que tenían. Por lo tanto, ellos también necesitan consagrarse. No digo que la consagración sea el primer paso ni la primera manifestación de la victoria. Sólo puedo decir que puesto que el Señor murió por nosotros y vive para nosotros, lo primero que debemos hacer después de vencer es consagrarnos.

Algunos dicen que para vencer primero tenemos que consagrarnos, pero Romanos 6:13 dice: "Ni tampoco presentéis vuestros miembros al pecado como armas de injusticia, sino presentaos vosotros mismos a Dios como vivos de entre los muertos, y vuestros miembros a Dios como armas de justicia". Este versículo nos muestra que la consagración viene después de experimentar la vida que vence. Es un hecho evidente que una persona no se puede consagrar si no ha experimentado la muerte y la resurrección. Sólo aquellos que han muerto y resucitado pueden consagrarse. En los últimos días hemos venido hablando de nuestra crucifixión con Cristo y de que El vive en nosotros. Nosotros morimos con Cristo y vivimos con El. Por lo tanto, basándonos en Romanos 6:13, podemos ver que un cristiano se consagra después de experimentar la vida vencedora. Si una persona no ha experimentado la vida vencedora, no puede consagrarse, y aun si lo hiciese, Dios no aceptaría tal consagración; El no desea nada que esté relacionado con Adán ni con la muerte.

Si aún no hemos experimentado la vida que vence, nuestra consagración no es confiable. Puede ser que hoy nos consagremos, y mañana olvidemos los que hicimos. Es posible que hoy hagamos un voto al Señor diciéndole que haremos esto y aquello, y que mañana se nos olvide por completo. Hubo una misionera que había asistido a siete convenciones de Keswick. Ella decía que asistir a las convenciones de Keswick cada año era como darle cuerda a un reloj. El reloj se le comenzaba a atrasar, y ella le daba cuerda. Cada año ella asistía para que le dieran "cuerda", y cada año volvía a sentir que se le acababa la "cuerda". Esto es lo mismo que sucede con muchos cristianos. Le hacen grandes promesas a Dios, pero cuando se van, todo queda olvidado. Es por esto que digo que no podemos consagrarnos. No contamos con la fuerza para hacerlo.

Si no hemos experimentado la vida vencedora, aunque nos consagremos, Dios no aceptará tal consagración, porque todo lo que tenemos es de Adán y es muerte. Así como le decimos que no a los incrédulos y nos rehusamos a recibir sus regalos, así mismo sucede con Dios. El no puede aceptar nuestras ofrendas. Sólo lo que procede del Señor puede consagrarse a El. Nada de lo que provenga de nosotros mismos puede consagrarse a Dios.

Debemos darnos cuenta de que lo primero que debemos hacer después de experimentar la vida que vence es consagrarnos al Señor. Este es le momento en que nos consagremos al Señor. En la actualidad tenemos la oportunidad de consagrarnos a El. Si no nos consagramos ahora, retrocederemos y en pocos días volveremos a caer.

LA BASE Y EL MOTIVO DE LA CONSAGRACION

No sólo en Romanos 6 se habla de la consagración, sino también en Romanos 12. ¿Por qué tenemos que consagrarnos? Pablo nos exhorta a que nos consagremos por las compasiones de Dios. ¿Qué son las compasiones de Dios, y qué son las misericordias de Dios? Romanos del 1 al 8 hablan de las compasiones y de las misericordias de Dios. Desde el punto de vista doctrinal, el capítulo doce viene inmediatamente después del capítulo ocho. Los primeros ocho capítulos abarcan las compasiones y las misericordias de Dios. Antes éramos pecadores, y el Hijo de Dios vino para derramar Su sangre por nuestros pecados. Los capítulos tres y cuatro nos hablan de la sangre; el capítulo cinco trata del perdón, mientras que los capítulos del seis al ocho abarcan el tema de la cruz. Por una parte, la sangre fue derramada para el perdón de los pecados; fuimos perdonados por medio de la sangre. Por otra parte, la cruz pone fin al viejo hombre; nosotros somos libres por medio de la cruz. Damos gracias al Señor por haber sido crucificado y morir en nuestro lugar y por vivir en nuestro lugar. Basándose en las compasiones y las misericordias de Dios, Pablo nos exhorta a consagrarnos a Dios.

Hermanos y hermanas, Dios nos creó y nos salvó con este propósito. Su intención es que nosotros expresemos la vida de Su Hijo y participemos de la gloria de Su Hijo. En la eternidad pasada Dios tenía un propósito; El no sólo quería un Hijo unigénito, sino muchos hijos. Por lo tanto, Romanos 8:29 dice: "Porque a los que antes conoció, también los predestinó, para que fuesen hechos conforme a la imagen de Su Hijo, para que El sea el Primogénito entre muchos hermanos". Dios nos predestinó para que fuésemos hechos conforme a la imagen de Su Hijo. Luego nos compró y nos redimió. El nos obtiene de dos formas. Por Su parte, Dios envió a Su Hijo para que muriera por nosotros y nos redimiera. En lo que respecta a nuestra redención, somos Sus esclavos. ¡Le damos gracias a Dios por habernos comprado! Fuimos comprados por Dios. Dios dijo a Abraham: "Y de edad de ocho días será circuncidado todo varón entre vosotros por vuestras generaciones; el nacido en casa, y el comprado por dinero a cualquier extranjero, que no fuere de tu linaje" (Gn. 17:12). ¡Aleluya, Dios nos engendró y nos compró! Dios nos compró y le pertenecemos a El. Pero El nos deja en libertad. En cuanto a Su legítimo derecho y en cuanto a la redención, le pertenecemos a El, pero El no nos obliga a hacer nada. Si deseamos servir a las riquezas, El nos deja, y si queremos servir al mundo, El no nos detiene. Si queremos servir a nuestro vientre, Dios no nos lo impide, y si queremos servir a los ídolos, El nos permite hacerlo. Dios no se mueve; El espera hasta que un día le digamos: "Dios, soy Tu esclavo, no sólo porque me compraste, sino porque voluntariamente quiero serlo". Romanos 6:16 nos habla del precioso principio de la consagración. Por favor, recuerden que no somos esclavos de Dios sólo por el hecho de haber sido comprados. "¿No sabéis que si os sometéis a alguien como esclavos para obedecerle, sois esclavos de aquel a quien obedecéis?". Por una parte, somos Sus esclavos por haber sido comprados, y por otra, somos Sus esclavos porque queremos serlo voluntariamente. Hermanos y hermanas, en cuanto a la ley, venimos a ser Sus esclavos el día que fuimos redimidos. Pero en lo que respecta a nuestra experiencia, llegamos a ser esclavos de Dios el día en que voluntariamente le decimos: "Consagro mi ser a Ti". "¿No sabéis que si os sometéis a alguien como esclavos para obedecerle, sois esclavos de aquel a quien os obedecéis?" (v. 16). Por lo tanto, nadie puede ser siervo de Dios sin darse cuenta. Tenemos que consagrarnos a Dios antes de poder ser Sus siervos. Esta consagración debe ser nuestra decisión personal. Dios no nos obliga, y Pablo tampoco lo hace, sino que nos exhorta y nos suplica. Dios no nos presionará de ninguna manera. El desea que nosotros nos consagremos libremente a El.

Hermanos y hermanas, la vida vencedora está muy relacionada con la salvación. Cuando fuimos salvos, tuvimos el deseo espontáneo de consagrarnos. La vida que recibimos nos presiona para que nos consagremos. Toda persona que ha sido salva tiene el sentir de que debe vivir para el Señor, aunque en realidad no tiene la fuerza para hacerlo. Muchos asuntos le enredan y le impiden vivir para el Señor. Pero damos gracias a Dios por habernos dado a Cristo para que pudiéramos consagrarnos a El. Cuando estábamos muertos en pecado, no podíamos consagrarnos a El. Si continuamos viviendo en pecado después de ser salvos, todavía no podremos consagrarnos a El. Pero ahora que Cristo ha venido a ser nuestra vida y nuestra santidad, podemos consagrarnos voluntariamente a Dios. El señor Panton contó en cierta ocasión que una joven esclava estaba a punto de ser subastada. Dos hombres estaban haciendo ofertas, y el precio subía cada vez más. Ambos eran hombres malvados, y la esclava sabía que iba a sufrir sin importar en manos de quien cayera. Ella lloraba y se lamentaba. De repente apareció otro hombre y se unió a la subasta. Los primeros dos hombres no pudieron ofrecer tanto como el tercero, y la muchacha fue comprada finalmente por el último. Inmediatamente el hombre llamó a un cerrajero y al hacer romper las cadenas de la joven, le declaró que estaba libre, con estas palabras: "No te compré para que fueras mi esclava, sino para que seas libre". Con estas palabras se marchó. La muchacha quedó perpleja, sin entender qué estaba sucediendo. Dos minutos después volvió en sí y corrió hacia el hombre y le dijo: "Desde hoy en adelante, hasta que muera, seré tu esclava". Hermanos y hermanas, así es el amor del Señor hacia nosotros. Nosotros somos constreñidos por Su amor para decirle: "Desde este día en adelante, seré Tu esclavo". Hermanos y hermanas, Dios nos compró, nos crucificó y nos resucitó. Puesto que ya gustamos Sus compasiones y misericordias, debemos consagrarnos a El.

Romanos 6 nos manda que consagremos nuestros miembros a Dios, mientras que Romanos 12 nos manda que consagremos nuestros cuerpos a El. Estas dos consagraciones incluyen muchas cosas. Durante estos once días, hemos hablado de soltarlo todo y de creer y hemos dicho que cumpliremos con los requisitos de Dios y que expresaremos Su vida una vez que hagamos estas cosas. Lo que Dios requiere es que nosotros nos consagremos absolutamente a El. Este requisito lo incluye todo. Pero no podemos hacer esto por nuestra propia cuenta; sólo podemos hacerlo por el Cristo que vive en nosotros. Antes no podíamos hacerlo, pero ahora sí, por causa de Cristo. Puesto que recibimos Sus misericordias, podemos consagrarnos.

Cuando un hebreo compraba un esclavo, éste tenía que servir a su amo por seis años. Al séptimo año saldría libre. Pero si él decía que amaba a su amo y no quería salir libre, su amo lo llevaría ante los jueces, y le haría estar junto a la puerta o al poste, y luego le horadaría la oreja con una lesna. Así el esclavo serviría a su amo para siempre (Ex. 21:2-6). Hermanos y hermanas, Dios nos salvó y nos compró con sangre. No nos compró con cosas corruptibles, como oro o plata, sino con la sangre preciosa de Su Hijo. Muchos cristianos piensan que deben servir a Dios por causa de su conciencia. Pero cuando vemos cuán precioso es el Señor, voluntariamente nos consagramos a El. Cuando le decimos al Señor que estamos dispuestos a ser Sus esclavos, El nos llevará a la puerta y contra el poste nos horadará la oreja con una lesna. El poste es el lugar donde fue aplicada la sangre del cordero pascual. Hoy somos llevados a sangrar allí mismo; también somos llevados a la cruz. Amamos al Señor y escogemos ser Sus esclavos para siempre. Al estar conscientes de que El nos ama, estamos dispuestos a servirle para siempre. No tenemos otra alternativa que declarar: "¡Señor, Tú me has amado, me has salvado y me has librado! Señor, ¡te amo y no puedo hacer otra cosa que servirte para siempre!".

LO QUE DEBEMOS CONSAGRAR

Personas

Lo primero que debemos consagrar son las personas que amamos. Si un hombre no ama al Señor más que a sus padres, esposa, hijos y amigos, no es digno de ser discípulo del Señor. Si usted se ha consagrado al Señor, no debe existir nadie en el mundo que pueda ocupar ni cautivar su corazón. Dios lo salva a fin de ganarlo por completo. Derramar muchas lágrimas lo detiene a uno. Muchos sentimientos humanos lo llaman a volverse a ellos. Muchas desilusiones lo persuaden a regresar. Usted debe decir: "Señor, todas mis relaciones con los hombres están sobre el altar. Mi relación con todo el mundo ha terminado".

Cuando la esposa de un hermano estuvo enferma, y otros le pidieron a él que orara por ella, él respondió: "¡Dios aún no me ha dicho que ore por ella!". Cuando otro le preguntó si él se lamentaría si su esposa llegase a morir, él dijo: "Ella ya murió para mí". Otro hermano tenía un buen amigo, y Dios quería que dejara esta amistad. Así que no pudo hacer otra cosa que obedecer. El le dijo al Señor: "Si Tú lo deseas, estoy dispuesto a dejar esta amistad".

Dios nos dio a Cristo como nuestra vida vencedora no sólo para que conozcamos Su voluntad, sino también para que la obedezcamos. Nunca debemos pensar que la vida vencedora sólo nos libra del pecado. La verdadera vida que vence nos capacita para que tengamos comunión con Dios y obedezcamos Su voluntad. Dios nos da Su vida vencedora para que nosotros cumplamos Su meta, no para que El cumpla la nuestra. Ningún cristiano puede aferrarse a una persona. Si no consagramos hoy mismo las personas que amamos, no podremos satisfacer a Dios. Las personas que ocupan nuestro corazón deben salir de ahí. Debemos decir: "¿A quién tengo yo en los cielos sino a ti? Y fuera de ti nada deseo en la tierra" (Sal. 73:25). Debemos decir: "Serviré al Señor mi Dios con todo mi corazón, con toda mi mente y con toda mi alma".

Yo amaba a la señorita M. E. Barber porque ella era una persona que verdaderamente amaba al Señor con todo su corazón, con toda su mente y con toda su alma. Después de que murió, encontré una nota en su Biblia junto al versículo "Amarás al Señor tu Dios con todo tu corazón, y con toda tu alma, y con toda tu mente" (Mt. 22:37) que decía: "Señor, te agradezco porque existe este mandamiento". Con frecuencia pensamos que es gravoso que Dios tenga tantos mandamientos. Más bien debemos decir: "Señor, te doy gracias porque existe este mandamiento".

Aun si el Señor le ha dado a alguien, El no permitirá que usted se apegue a esa persona. El no permitirá que se apegue a su esposa ni a sus hijos ni a sus amigos. Hasta el Isaac que Dios había prometido tenía que ser puesto sobre el altar. Muchos cristianos han fracasado porque la gente captura sus corazones.

Asuntos

No sólo tenemos que consagrar personas, sino también

asuntos. Con frecuencia, decidimos muchas cosas y estamos determinados a lograrlas, pero no consultamos cuál es la voluntad de Dios en estos asuntos. Un hermano estaba decidido a alcanzar la nota más alta en su examen de graduación y a ocupar el primer lugar de su clase en la universidad. Todo su tiempo y su energía los invertía en sus estudios. Después de entrar en la experiencia de la victoria, le entregó esto a Dios. Desde ese momento en adelante, él estaba dispuesto a seguir a Dios, aún si esto significaba quedar en el último lugar.

Hermanos y hermanas, quizás usted sienta que se justifica invertir todo su tiempo en su carrera, pero si usted no tiene una comunión íntima con el Señor, su carrera no será provechosa. Usted abriga alguna esperanza en su carrera y no está dispuesto a soltarla. Tiene alguna expectativa con respecto a su trabajo y está resuelto a lograrla a toda costa. Si actúa de esta forma, entonces necesita consagrarse. Usted no debe permitir que nada lo enrede. Para muchos hermanos y hermanas el afán por completar los estudios llega a ser su esperanza; tienen esperanzas de sobrepasar a los demás. Esta es una esperanza mezclada con orgullo. No digo que usted debe dejar sus estudios; me refiero a que usted debe dejarlo todo si el Señor lo llama.

Había un hermano huérfano que había crecido en una familia pobre. Tenía una caligrafía hermosa y también era muy buen músico. En el orfanato, mientras otros aprendían a hacer artesanías de madera y se les enseñaba albañilería, él pudo entrar en la escuela secundaria. Al finalizar cada período recibía menciones honoríficas. Después de estudiar dos años en la universidad, los administradores de este plantel educativo decidieron enviarlo a la universidad de San Juan en Shanghai por dos años y luego a Estados Unidos, con la condición de que regresara después de terminar sus estudios para trabajar en su universidad. Su madre y su tío le enviaron cartas para felicitarlo. Dos meses antes de que le dieran la fecha para salir, fue salvo, y muchas de las esperanzas que antes tenía se derrumbaron. Además se consagró al Señor. Yo le pregunté qué deseaba hacer. Me dijo que ya lo tenía decidido, que se iría y que estaba listo para firmar el contrato. Me dijo: "Has sido mi compañero de clase por ocho años. ¿No te has dado cuenta en todo este tiempo cuáles han sido mis aspiraciones?". Cuando estábamos a punto separarnos, le dije: "Hoy, todavía somos hermanos. Pero me temo que cuando regreses de los Estados Unidos, ya no serás mi hermano". Cuando él oyó esto, acudió al Señor y oró: "Dios, Tú sabes cuáles son mis aspiraciones. Sé que Tú me has llamado, pero no puedo renunciar a mis aspiraciones. Pero si tal es Tu deseo, estoy dispuesto a ir a los pueblos a predicar el evangelio". Después de esta oración, fue y habló con el rector de la universidad, y le dijo que había decidido no ir, y que por lo tanto no firmaría el contrato. El rector, confundido, le preguntó si estaba enfermo, y él le respondió: "El Señor me ha llamado a predicar el evangelio". Cuatro días después vinieron su tío, sus primos y su madre. Su madre le dijo con lágrimas: "Desde que tu padre murió, había estado luchando todos estos años con la esperanza de que algún día progresaras para que me pudieras sostener. Hoy tienes la oportunidad y la estás desperdiciando". Mientras su madre lloraba, su tío añadió: "Antes de que entraras al orfanato, fui yo quien te crió. También cuidé de tu madre. Ahora tú estás en deuda con ambos. Tus primos ni siquiera disponen del dinero para ir a un colegio, y aún así, tú decides desaprovechar esta oportunidad tan grande". También vinieron a verme a mí y me dijeron: "Señor Nee, usted quizás no necesite sostener a sus padres, pero él sí tendrá que sostenernos". Este hermano se sentía presionado por ambos lados. Así que le preguntó al Señor qué debía hacer. Entonces pudo ver que la deuda que tenía con el Señor era mucho más grande que la tenía con los hombres. Prometió sostener a su madre y a su tío, pero también les dijo que no podría satisfacer las aspiraciones que ellos tenían y que primero tenía que obedecer al Señor.

Todos debemos consagrar nuestros asuntos al Señor. No quiero decir con esto que todos nosotros debemos consagrarnos para ser predicadores. Quiero decir que todos nosotros tenemos que consagrarlo todo al Señor. ¿Qué es la consagración? ¿Qué significa darnos a El como ofrenda? Es declarar: "Señor, haré Tu voluntad". Muchos piensan que la consagración consiste en dedicarse a ser predicadores. No, nos consagramos para hacer la voluntad de Dios. Muchos llegan a comprender por medio de una consagración genuina que deben seguir siendo fieles en sus negocios y suplir la necesidad que hay en la obra de Dios. Como resultado, renuncian a su labor de predicar. Muchos otros son motivados por las necesidades presentes y la necesidades de otros lugares y se entregan a la predicación. Durante los últimos años, hemos estado escasos de colaboradores. Si Dios va a obrar entre nosotros, muchos hermanos y hermanas se entregarán para servir al Señor a tiempo completo en un futuro cercano. Ellos se darán cuenta de que deben consagrar todos sus asuntos al Señor.

Objetos

No sólo tenemos que consagrar personas y asuntos, sino también todos los objetos. Hay algunos que tienen que consagrar sus joyas; otros posiblemente tengan casas o ropa que tienen que consagrar. Quizás algunos tengan pequeños objetos que consagrar, pero no deben permitir que éstos se conviertan en un estorbo. Algunos quizás se aferren a unos cuantos anillos de oro o alhajas de perlas. No hay ninguna ley al respecto, pero si deseamos tener una vida consagrada, probablemente tendremos que deshacernos de todas las alhajas de oro, de la ropa de moda y quizás también de nuestro dinero. Muchos malgastan su dinero y no agradan al Señor. Muchos otros, por el contrario, han estado ahorrando su dinero y tampoco agradan al Señor. Obviamente derrochar el dinero no tiene cabida a los ojos del Señor, pero ahorrarlo tampoco la tiene. No debemos gastar todo nuestro dinero de una sola vez; debemos transferirlo a la cuenta del Señor. En el Nuevo Testamento no se dice nada acerca de ofrendar la décima parte de todos nuestros bienes; pero sí se habla de poner todo en las manos del Señor. El primer día que traigamos nuestro salario a casa, debemos decirle al Señor: "Dios, todo el dinero es Tuyo. Dame lo que necesite para los gastos de mi hogar". No se debe gastar cierta cantidad y luego guardar el resto para el Señor. No me atrevo a decir si Dios tomará o no todo lo que tenemos en ocasiones. Pero sí diría que si verdaderamente le hemos consagrado todo al Señor, lo que consagramos le pertenece a Dios.

Muchos hermanos y hermanas tienen muebles en sus casas, ropa en sus armarios o posesiones en sus manos que son impropias para hijos de Dios. Una vez que el Señor toque estas cosas, tendremos que consagrárselas. Tenemos aquí algunos hermanos y hermanas de edad avanzada. Ustedes deben tener cuidado de cómo escriben su testamento. Lo que ustedes escriban mostrará qué clase de cristianos son. Dios nos salvó. Puesto que todo nuestro dinero pertenece a Dios, no deberíamos invertirlo de nuevo en el mundo. Si hacemos planes para nuestros hijos y permitimos que ellos se lleven nuestro dinero al mundo, no estaremos haciendo lo correcto. Dios nos ha separado del mundo a nosotros y nuestras posesiones. No debemos permitir que ellas regresen al mundo. Cuando los israelitas salieron de Egipto, no dejaron ni un animal en Egipto. Lo mismo se aplica a nosotros hoy. Por supuesto, nosotros no podemos hacer esto, pero le damos gracias a Dios porque con El todo es posible. Filipenses 4:13 dice: "Todo lo puedo en Aquel que me reviste de poder". Esto significa que tan pronto como el Señor nos infunde Su energía, podemos hacerlo todo. Nos parece imposible ofrendar todas las cosas, pero sí podemos hacerlo por medio de Aquel que nos reviste de poder. Puesto que Cristo es nuestra vida, podemos hacerlo.

Muchos jóvenes pueden consagrar lo que tienen cuando no tienen mucho, pero cuando llegan a enriquecerse, sus ofrendas disminuyen. Si el Señor gana nuestro corazón, también debería ganar nuestro bolsillo. Si el corazón se cierra, entonces el bolsillo también está cerrado. Si el bolsillo no se abre, el corazón no podrá abrirse.

Nosotros mismos

Debemos consagrar las personas, los asuntos y los objetos, y por último nuestro propio ser. Tenemos que consagrarnos a Dios. Debemos decir: "Dios, me consagro a Ti para hacer Tu voluntad". Hermanos y hermanas, no sabemos lo que nos sobrevendrá en un futuro. Pero sí sabemos que Dios tiene una voluntad que se relaciona con cada uno de nosotros. Es posible que no sean bendiciones y tal vez no sean sufrimientos. De todos modos, tenemos que consagrarnos a Su voluntad.

Debemos estar dispuestos a aceptarla, sea que venga con bendiciones o sufrimientos. Muchas personas que están dispuestas a ser usadas por Dios, están llenas del Espíritu y viven una vida de plena victoria. Esto se debe a que se han consagrado al Señor.

¿Qué clase de consagración es ésta? Es una consagración en la cual presentamos nuestros cuerpos en sacrificio vivo. La Biblia nunca habla de la consagración del corazón; sólo habla de la consagración del cuerpo. Ninguno que se ha consagrado a sí mismo deja su cuerpo sin consagrar. Hemos consagrado todo nuestro ser al Señor. Por consiguiente, nuestra boca no es nuestra; nuestros oídos no nos pertenecen, ni nuestros ojos, ni nuestras manos, ni nuestros pies, ni nuestro cuerpo nos pertenece. De ahora en adelante, somos simples mayordomos de Dios. De ahora en adelante, nuestros pies pertenecen al Señor y ya no podemos usarlos para lo que nos plazca. Cuando cierto joven murió, su padre, que era ya un anciano, pidió a los que cargaban el féretro que tuvieran mucho cuidado porque ese cuerpo había servido como el templo del Señor durante veinte años. No debemos esperar a que hayamos muerto para consagrar nuestros cuerpos al Señor. Hoy el Espíritu Santo vive en nosotros. En 1 Corintios 6:19 dice: "¿O ignoráis que vuestro cuerpo es templo del Espíritu Santo, el cual está en vosotros, el cual tenéis de Dios, y que no sois vuestros?". Un himno dice: "Que mis manos hagan lo que El ordene; que mis pies corran en Sus caminos. ¡Todo es para Cristo! ¡Todo es para Cristo! Que mis labios proclamen Su alabanza" (*Hymns,* #444). Esto es lo que significa la consagración, lo que significa consagrar nuestro cuerpo. Nadie debe decir que su cuerpo le pertenece. Todos los días de nuestra vida son del Señor, y nuestro cuerpo en su totalidad es para el Señor; nosotros somos simples mayordomos Suyos.

En una ocasión en otro país, mientras pasaban el recipiente de la ofrenda un domingo por la mañana, al acercar la caja a una joven de trece años, ella pidió varias veces que bajaran el recipiente. Cuando lo pusieron en el suelo, ella se paró en la caja. Como no tenía dinero, decidió darse a sí misma en ofrenda.

En la actualidad no sólo debemos consagrar personas,

asuntos y objetos al Señor, sino que también debemos consagrarnos nosotros mismos a El. En cada reunión dominical, cuando pongamos nuestro dinero en la caja de las ofrendas, debemos también depositarnos nosotros mismos. Si no queremos entregarnos nosotros mismos, Dios no aceptará nuestro dinero. Dios no aceptará nada que sea "nuestro", a menos que primero nos tenga a "nosotros". Dios tiene que obtenernos a "nosotros" antes de tener "lo nuestro". Muchos se consagrarán al Señor, y el Señor no necesariamente les pedirá que se hagan predicadores. Quizás El quiera que algunos sean buenos negociantes. Todos los rincones del mundo necesitan la luz, y no tenemos la libertad de escoger la obra que nos guste. Debemos decirle al Señor: "Desde ahora en adelante estoy resuelto a hacer Tu voluntad".

EL RESULTADO DE LA CONSAGRACION

¿Cuál es el resultado de la consagración? El primer resultado se describe en Romanos 6, y el segundo en Romanos 12. Muchos no conocen la diferencia que hay entre ambas. De hecho, la diferencia es enorme. La consagración que se menciona en Romanos 6, lo beneficia a uno pues consiste en llevar el fruto de la justicia. La consagración de Romanos 12 beneficia a Dios ya que cumple Su voluntad. El resultado de la consagración de Romanos 6 consiste en que nos libra del pecado para hacernos esclavos de Dios a fin de llevar fruto para santificación. Esto es lo que significa expresar día tras día la vida que vence. El resultado de la consagración de Romanos 12 no es simplemente el beneplácito de Dios, sino la comprobación de la voluntad buena agradable y perfecta de Dios.

Hermanos y hermanas, no es suficiente solamente soltar las cosas, creer y alabar. Hay un último punto: tenemos que ponernos en las manos del Señor antes de que El pueda expresar Su santidad por medio de nosotros. Antes, no teníamos las fuerzas para consagrarnos. Pero después de entrar en la experiencia de la victoria, podemos hacerlo. Recuerden que antes nos era imposible ponernos en las manos de Dios. No es cuestión de ser capaces o no, sino de estar dispuestos a ponernos en Sus manos. Antes, el problema era nuestra incapacidad; ahora el asunto es la falta de disposición. Hubo un hermano en Australia que se había consagrado plenamente al Señor. Mientras viajaba en un tren, unos amigos decidieron jugar a las cartas. Como eran tres, les hacía falta una persona, así que lo invitaron a jugar. El les respondió: "Lo siento amigos. No traigo mis manos conmigo; éstas no son mías; le pertenecen a otra persona. Simplemente están pegadas a mi cuerpo, pero no me atrevo a usarlas". De ahora en adelante, nuestras manos, nuestros pies y nuestros labios pertenecen al Señor. No nos atrevemos a usarlos. Cada vez que las tentaciones vengan, tenemos que decir que no tenemos nuestras manos con nosotros. Esta es la consagración de Romanos 6. Cuando nos consagremos de esta manera, seremos santificados y llevaremos el fruto de la santificación. Por tanto, lo primero que debemos hacer después de experimentar la victoria es consagrarnos, lo cual también es las primicias de la experiencia de la victoria.

La consagración descrita en Romanos 12 está dirigida a Dios. Dice allí que debemos presentar nuestros cuerpos en sacrificio vivo a Dios y que esta consagración es santa y agradable a El. Por consiguiente, debemos recordar que la consagración mencionada en el capítulo doce tiene como meta servir a Dios.

El capítulo seis se relaciona con la santificación personal, mientras que el capítulo doce se refiere a la obra. El capítulo seis habla de la consagración, de la santificación y del fruto de ésta. El capítulo doce también habla de la santidad o de ser santo. ¿Qué es la santificación y qué es la santidad? Ser santificado o ser santo significa ser apartado para cierta persona, para ser usado por ella. Antes éramos afectados por muchos objetos, personas y asuntos. Anteriormente, vivíamos para nosotros mismos; ahora, vivimos sólo para Dios.

Una vez, regresaba a casa del parque Hsiao-feng. Estaba a punto de subirme al autobús, pero el conductor me impidió abordarlo. Cuando miré bien, me di cuenta que no era un autobús corriente, sino que era un vehículo expreso. Todo cristiano debe ser como "un tren expreso". Desafortunadamente, muchos cristianos son de "servicio público". Pero nosotros no somos de "servicio público", sino "que somos un vehículo expreso"; hemos sido apartados y plenamente reservados para la voluntad de Dios. Romanos 12 nos muestra que nuestro trabajo, nuestro cónyuge, nuestros hijos, nuestro dinero y todos nuestros bienes materiales son todos exclusivamente de Dios; están reservados para el uso exclusivo de El. Cuando somos sólo Suyos y cuando nos presentemos únicamente a Dios, debemos creer que Dios nos aceptó, porque esto es lo que Dios anhela. La meta de Dios no es que tengamos fervor por cierto tiempo. Si uno no se consagra al Señor, Dios no quedará satisfecho. Dios queda contento sólo cuando el hombre vierte el ungüento sobre el Señor; sólo queda satisfecho cuando depositamos toda nuestra vida en la caja de la ofrenda (Lc. 21:4). Debemos ofrecérselo todo a El.

Hermanos y hermanas, agradecemos a Dios porque fuimos levantados de entre los muertos, y recibimos misericordia de parte de Dios. Esta consagración es agradable a Dios y es razonable. Todo cristiano debe consagrarse; es un error pensar que sólo los cristianos especiales deben consagrarse. La sangre del Señor nos compró, y somos Suyos. Su amor nos ha constreñido, y vivimos para El.

Examinen la consagración que aquí se describe. Somos piedras vivas. Aunque nos consagramos, permanecemos vivos. Somos un sacrificio vivo. Los sacrificios del Antiguo Testamento eran inmolados con cuchillo, pero nosotros somos sacrificios vivos.

El resultado de presentarnos se ve en Romanos 12:2. "No os amoldéis a este siglo, sino transformaos por medio de la renovación de vuestra mente, para que comprobéis cuál sea la voluntad de Dios: lo bueno, lo agradable y lo perfecto". Esta es nuestra meta final. Durante las conferencias de enero del año pasado, vimos que Dios tiene un propósito eterno, el cual lleva a cabo por medio de Su Hijo. Dios creó todas las cosas por medio de El para cumplir Su propósito. La redención, la derrota de Satanás y la salvación de los pecadores tienen como fin cumplir el propósito de Dios. Tenemos que saber cuál es el propósito eterno de Dios antes de hacer lo que Dios desea. Nuestra meta no se limita a salvar a los pecadores; nuestra meta es el cumplimiento del propósito eterno de Dios.

Si no nos consagramos, no nos percataremos de que esta voluntad es buena. En la actualidad muchos temen a la expresión "el propósito de Dios" y se sienten incómodos con respecto a estas palabras. Los cristianos temen oír acerca de la voluntad de Dios. Pero Pablo dijo que cuando uno presenta su cuerpo, comprueba lo que es bueno, agradable y perfecto de la voluntad de Dios. Podemos cantar acerca de lo buena que es la voluntad de Dios y decir: ¡Aleluya por la voluntad de Dios! La voluntad de Dios redunda en nuestro bien y en ella no hay malicia alguna. Nosotros tenemos una vista muy corta. La voluntad de Dios es buena. Una vez un hermano hizo una oración muy buena: "Cuando pedíamos pan, pensamos que nos darías una piedra, y cuando pedíamos pescado, pensamos que nos darías una serpiente. Cuando pedíamos huevos, creímos que nos darías escorpiones. Pero cuando te pedimos piedras ¡nos diste pan!". Con frecuencia no entendemos el amor de Dios. Tampoco entendemos Su voluntad. No comprendemos que Sus intenciones para con nosotros son buenas y excelentes. Tal vez nos quejemos de las muchas cosas que vienen a nosotros, pero después de un par de años, tendremos que alabar al Señor por todas ellas. ¿Por qué no más bien le alabamos desde hoy?

La voluntad de Dios no sólo es buena, sino perfecta. Todo lo relacionado con la voluntad de Dios hacia aquellos que lo aman es bueno y provechoso. Si entendemos esto, no rechazaremos Su voluntad. Presentarle nuestros cuerpos es santo, y a El le agrada. Además, descubriremos que Su voluntad es agradable para nosotros y que es buena y perfecta.

Esta es la última reunión, y quisiera pedirles que hagan algo más. Díganle al Señor: "Dios, soy enteramente tuyo. Desde ahora, ya no viviré para mí mismo".

Hermanos y hermanas, vimos todas las condiciones necesarias para vencer; éstas ya han sido descritas. Para obtener una vida vencedora tenemos que consagrarnos, lo cual es el último paso. También es lo primero que debemos hacer al experimentar la vida que vence. Cuando nos hayamos consagrado, debemos creer que Dios aceptó nuestra consagración. Una vez que nos hayamos consagrado, vendremos a ser personas consagradas. Puede ser que nos sintamos calientes, o tal vez nos sintamos fríos, pero mientras nos hayamos consagrado verdaderamente a Dios de todo corazón, todo estará bien. Digo esto para ayudarlos a no vivir según las indicaciones de sus sentimientos. En Chefoo un hermano se consagró al Señor, pero pensaba que algo andaba mal entre él y el Señor y concluyó que debía consagrarse otra vez. Le dije que cuando una joven se casa, si en alguna ocasión encuentra que hay desacuerdos entre ella y su esposo, ella no tiene que volver a casarse con él. Aun si existe algo entre el Señor y nosotros, sólo podemos consagrarnos una sola vez al Señor. A partir de ese momento, le pertenecemos al El y sólo podemos servir para Su uso.

Cristo mismo es nuestra porción
Herencia inescrutable rica
recomp. Por ser sacerdotales comer y disfr.
como nuestro TODO